AF223127

Lorenz Filius

Poröses Blau

Vom Brachland unterm Licht

Prosaische Abstraktionen und Gedichte
zur Lage des
Menschenverstandes

© Lorenz Filius 2010/2021

Impressum
Filius, Lorenz: Poröses Blau
© Lorenz Filius, 2010/2021
Herstellung und Verlag: BoD - Books on Demand, Norderstedt
ISBN: 978-3-8423-2531-9

Bibliografische Information der Deutschen Nationalbibliothek
Die Deutsche Nationalbibliothek verzeichnet diese Publikation in
der Deutschen Nationalbibliografie; detaillierte bibliografische
Daten sind im Internet über http://dnb.d-nb.de abrufbar.

… So kryptisch, wie die Welt uns glauben machen will, dass nur ihr all-globaler Algorithmus uns Glückseligkeit beschert, so angepasst an diesen Code ist diese Sammlung kleiner Schlüssel. Sie öffnen Türchen, nur zum Schauen, denn das Handeln wäre ohne Zweifel eine Bürde ohne Schlichtungspotential. Es menschelt - manchmal jedoch viel zu viel, um noch die Menschlichkeit zu sehen, die schon lange auf der Ebene der Götter balanciert. Die Schuldner allzu gläubig und die Gläubiger kaum schuldig, läuft das Ritual des Lebens an der Fraglichkeit vorbei.

Das Lesen dieser Unlektüre mag nicht immer einfach sein, doch liest man zwischen ihren Zeilen, findet man so manchen Reim …

Lorenz Filius

Inhaltsverzeichnis

(Un-)Bildung

(Un-)Bildung

Leerlauf

Domestizierte Pflichten
sind die Herren toter Leben,
paralysiertes Sichten
steuert Plärren für das Kleben.

Stundenzersägte harren
ihrem Götzendienst in Höhlen,
rundengeprägte Narren
zieren Staubgespinst mit Nölen.

Eingeprägt durch die Riten,
wird die Freiheit sie nicht missen,
reingelegt durch die Sitten,
stirbt die Leihzeit im Verfließen.

Dort, wo das Brache Zeit
entnimmt, das Staubtuch
brachial gewinnt.

Der Profihypokrit

Elitär, Genauigkeit zur Wahrung der Kultur,
unprekär, die Traurigkeit der Horizontschraffur,
Qualität im höchsten Maß verlangt der Intellekt,
der verrät, was ihn längst fraß, und kein Interesse weckt.

Eingenommen durch den Rest, der einst so standhaft war,
fast vollkommen, doch erpresst vom Bildungsinventar,
spätmodern mit Contenance und Menschenbildverschnitt
rät von fern der Unbalance ein Profihypokrit.

Angeheftet ist das Wissen
derer, die nichts missen müssen.

(Un-)Bildung

Kritisches Schaf

Im Gruppengrinsen ertränkt
der Schulphotograph eine ungeweinte Träne,
retuschiert durch die Flächen füllenden Massen.
Die Augenlinsen verschenkt,
wer nicht lachen darf im pflichtigen Alltagsgegähne,
engagiert aus dem Brechen der zielenden Klassen.
Was bleibt, sind Zinsen, vermacht dem
kritischen Schaf, als Rache für pechfarb'ne Strähne,
blamiert für die Zechen im brüllenden Hassen.

Das Leid des jungen
Außenseiters
birgt den Mut des
Polemik
Wegbereiters.

Mal was gehört, davon betört,
es wird geführt ins Feld, das stört.

Auch wenn's nicht passt, es führt die Last
mit edler Hast zum Urteilsmast.

Verwaschen schleift das Wort versteift
nur ungereift - es nichts begreift.

Versteht es doch, dann ist das Joch
ein Sinn im Loch, das Pathos roch.

Als Lückenfüller deckt ein Bild
die Unschuld peinlich zu,
doch schuldig ist, wer darauf zielt,
dass Unschuld findet Ruh.

Seitdem

Seitdem der Horizont sich faltet und sortiert,
sind Wächter meiner Front erleichtert und kaschiert,

seitdem der Blick nach vorn zurückweicht ohne Wut,
ist jede Form von Zorn verdorben ohne Blut,

seitdem der Sinnesstolz die Seele hat entehrt,
wird aus 'was wird?' 'was solls' und richtig, was verkehrt,

seitdem ich mich nicht kenn, weil niemand mich versteht,
brauch ich nicht weit zu geh'n, weil dorthin keiner geht.

seitdem geht's nicht voran, wo's kein Zurück mehr gibt,
ich denk nur noch daran, wie man sich selber liebt.

Wenn Alltag den Verstand
zerdrückt, der Gläubige
sich dankbar bückt.

Sklavokraten

Esst das Brot wie jeden Abend,
solltet ihr noch welches haben,
während andre, euch begrabend,
still sich an den Toten laben.
Geht zur Nacht, und schlaft im Rausche,
der erträglich macht die Schmerzen,
hofft nicht, dass noch jemand lausche
auf die Not in eurem Herzen.
Beim Appell der Sklavokraten
braucht ihr nicht mehr dran zu denken,
denn sie haben schon beraten,
wie sie euch den Hals verrenken.

Interpretationsdiagnostik

Mit Stolz zeigt ein Maler verzogenes Kunstwerk
im modischen Rahmen aus Borderline.
Er zog sich gar selbst um Figuren des Zeichners,
vermeidet es so, eine Grenze zu scheu'n.
Die Randomisierung von prägenden Farben
entwickelt im Impressionismus das Sein.
Ein Auge zerläuft in den leinenen Narben
zum blutenden Herzen und wirft einen Stein.
Betrachter ergötzen sich interpretierend
und deuten in Zerrung das Schicksal hinein.
Doch dreht man das Bild, so erkennt man in Mustern
stigmatischen Pinselns die Ohnmacht als Schwein.

Ratlos rät der Intellekt,
zu erfinden, was sich deckt.

Weisheitsdorn

Er schaut nach oben, weil er denkt,
dass dort sein Kopf an etwas hängt,
sieht nicht, was er nach hinten schwenkt:
ein Weisheitshorn den Schädel lenkt.

Das Schulternzucken blickt nach vorn,
dabei zerreißt am Kopf der Dorn
den Horizont, noch ungebor'n,
verschüttet Weite mit viel Zorn.

Als Nähe ihm entgegen bricht,
entweicht sein Blick dem neuen Licht,
der Kopffortsatz dabei ersticht
im guten Willen ein Gesicht.

Aus einem wird rundum ein Schlag,
der aufspießt, was er nicht vermag,
zerfetzt Gedanken durch den Tag,
düngt damit seinen Kleinertrag.

Auf einmal wird's um ihn ganz still,
weil niemand übrig ist im Spiel,
der Geister Blut ums Horn im Ziel,
kein Geist, was ein Gespenst sein will.

Wer mit Wissen um sich
schmeißt, jede Diskussion
zerreißt.

Gift

Sterilen Boden verschmutzen vereinzelt Bewusstseinstropfen. Mit mangelnder Umsicht verschüttete Neugier verschriene Drogen. Als sie versuchte, aus seltenen Fläschchen Visionen ins Auge zu klopfen, fühlten sich spielende Menschen auf glänzenden Flächen belogen.

Verurteilend Blicke zum Ferkel, das schamlos die Reinheit behandelt. Genießender Zweifel verschränkt seine Arme in Ecken der Reue. Das Gift seiner Flecken die harmlosen Makel der Spieler verschandelt, doch ist er gebrannt durch die Sucht, und er hält ihr die krankhafte Treue.

Man schickt ihn nach draußen, zu frönen dem Frevel der fraglichen Freiheit. Verstoßene kommen durch einsame Stunden vielleicht noch zur Einsicht. Dann muss man sie stützen, so dass ihre Sehnsucht ernüchternd vorbei treibt; und dass ihre neue Verschontheit vom Leben nicht rückfällig einbricht.

Es ist nichts verloren, Verantwortung reinigt vergiftete Jugend. Der Boden ist kalt und zu pflegeleicht glatt, um an Flecken zu haften. Erneut spielt das Lachen und Tollen dort steinhart die Rolle der Tugend. Geläutert, die Flächen, sie werden das Unheil vergessend verkraften.

Das Blut aus offnem Herzen spritzt
auf Böden, wo's vor Lügen blitzt.

Kleine Räder

Kleine Räder drehen durch,
formlos in Sozialgetrieben,
ihre Zähne haben sich
groß an etwas aufgerieben.

Kriechen, berstend, schleimgeschmiert,
in einander, um zu greifen,
haben sich bald heiß gedreht,
Aktionismus muss lang reifen.

Sind verliebt in ihre Wut,
hoffend um der andern Günste,
weil ansonsten nichts geschieht,
was sich dreht um ihre Dünste.

In den vielen um sich selbst,
nicht erkennend die Verschwendung,
wirbeln sie und heizen auf
nichts, was sich entzieht der Blendung.

Durchs Getriebe geht ein Ruck,
einer hat sich übertroffen,
wissend, dass nur er dran glaubt,
dass es Gründe gibt, zu hoffen.

Ja, sie haben was getan,
sich gedreht, um nichts zu regen,
um dann zahnlos im Triumph
lagerlos sich abzulegen.

Lehrmeisterhoheit

Befestigte Zinken an Läufen des Lebens,
zu spannen ein Netz aus der Wut ihres Strebens;
die freien Ergüsse aus Denken und Handeln,
verfangen an Haken, die Maschen verschandeln.

Sie zurren es fester, zu glätten Gesetze,
die Strenge woanders beschimpft man als Hetze,
die eigene Freiheit ist leicht zu verzehren,
indem man sie andern versucht, zu erklären.

Zum Sichern des Sinns der perfiden Befehle
man Spielraum aus Box der Pandora erquäle,
es sind Sensationen der gönnenden Falschheit
mit Zwängen, zu lieben die Lehrmeisterhoheit.

Ackerbau

Leistungswettbewerbe scheuchen auf die Bildungserben,
um die Dissonanz zu faulem Grund nicht zu verderben.
Jubelschreie angetrieb'ner, funktionaler Klassen
lassen ihre Treiber nach Zertifikaten fassen.
Ordnen sie in jene Ordner, die Gesetze binden,
auch, die sie befolgen, denn dort wird sie niemand finden.
Werden sie nach Jahren aus der Ackerei entbunden,
haben sie sich für Erhalt des Ackerbaus geschunden.

(Denn, wer stets befruchtet, um sich selber neu zu ernten,
schmeißt die brache Zukunft fort zu anderen Entkernten.)

Ein Prunkbaum auf dem
faulen Feld mit Schatten
junge Pflanzen quält.

Letzter Schultag eines Flüchtlings

Letzter Schultag eines Flüchtlings,
der das Schuljahr nicht vermisste,
weil er Opportunitäten
nicht die Treterfüße küsste.

Sich zu wehren, sei nicht üblich,
nur im Frieden zu sinnieren,
Pädagogenarbeit lässt sich
so an Kinder delegieren.

Letztlich spielt es keine Rolle,
ob ein Leid sich selbst empfindet,
wenn im elitären Anspruch
nicht die Leidenschaft verschwindet.

Mobber, die ansonsten kriechen,
sind soziale Schulhofhelden,
auf dem Zeugnis wird die Note
den Gemobbten ‚Sturkopf‘ schelten.

Literarisches Strandgut

In der Genreflut des literarischen Überlaufs
ist das Eis sehr dünn um seine Berge,
die sich häufen aus dem Meer der Texte
hin zum Pol der Opportunität.
Das Drumherum verschlucken Strudel ihrer Schmelze,
die sich mehr noch aufbäumt,
als sie an den Rändern neuer nachgeahmter Brocken
in Vergessenheit gerät.

Die angeschwemmte Gischt aus grauem Traum,
emporgekommen abgesetzt,
scheint schwer und bricht schon ein,
noch eh den Fuß des Gipfels sie erreicht.
Nur hier und da versprengt, ein schemenhafter Vers darauf,
fast unsichtbar und lachhaft vor der plumpen Majestät,
doch fürs Versinken im Zerfall des grauen Schaumes
viel zu leicht.

Es bleibt das Strandgut der Legende eines Genres,
welches immerfort zum Strand der Uferlosen treibt;
die Trümmer eines Geisterschiffs poetischer Matrosen.
Doch unberührbar, wie sie sind,
durchdringen sie den Feststoff der Lektüren,
ohne ihre Massen zu erklimmen,
fließen weiter,
waren nie verflossen.

*Die Lyrik, eine Zeitgenossin, die
die Zeit genießen kann; ist die
eine längst verflossen, schließt
sie sich der nächsten an.*

Richtig wichtig

Wusstet ihr, dass unsre Leben
nur an Satelliten kleben,
die als Götter droben schweben
und hier unten Obacht geben?

Fühlt ihr, was die neuen Zeiten
undurchsichtig vorbereiten,
wenn sie uns aus Händen gleiten
und für irgendetwas streiten?

Lacht ihr nur, um nicht zu weinen,
wenn Maschinen euch vereinen,
um die Sorge zu verneinen,
ob ihr steht auf eignen Beinen?

Wollt ihr, dass die Grenzen schwinden,
ohne dieses zu begründen,
um die Freiheit zu erfinden,
die versucht ist, euch zu binden?

Dann seid ihr hier unten richtig,
unverbindlich daseinspflichtig,
nur wer tot ist, ist nicht flüchtig,
und wer lebt, ist selten wichtig.

(Un-)Bildung

Schüler-Kapital - Kapital-Schüler

Ausgereizte Gereizte fordern
einen Mindestlohn des Hammers,
seit die Schläge ihrer Zucht
dem Anspruch ihrer Illusionen nicht genügen,
um mit Verzehr der neuen Leckerlies
die Schlagzahl zu erhöhen.

Erst wenn der Takt im Einklang
mit dem Puls des deformierten Amboss'
in der Brust synchronisiert ist,
gibt das Hämatom der Traurigkeit
in heiterer Verzweiflung nach
und muss nicht länger sich
durch aufgewärmte Überraschungseier
seinem Schmelztiegel entgegen kochen ...
... wird gepocht und muss nicht pochen.

Ist der Reiz konditioniert, er
die Reaktion verliert, was
Gereizte nur verwirrt und
zur Reizbarkeit verführt.

Übertrumpfte Trümpfe

Neue Zahlen des Erfolgs aus eingefrästem Strahlen
brechen die Rekorde
jenseits aller Profilierungsqualen.
Stumm, zerrüttet steh'n im Schatten
alte Sensationen heiß geglaubter Sehnsucht
alter Hasen, die mit Wünschen prahlen.

Diese schütteln kurz die Wahrheit nicht zu lange,
um sich wieder in das Bild zu rücken,
unerwartet ausgeblichen.
Ignorieren, sich vom Powerbluff erholend,
schwören ein den Kreis der Ihren,
ebenfalls dem Schwall gewichen.

Keine Reaktionen, diesmal nicht aus Arroganz,
doch nur aus dem Affront des hohlen Spiegels
der Vermessung.
Irritiert, dass jemand leidet an der Macht,
zu übertrumpfen ihre ohnehin schon obsolete
Traumerpressung.

(Un-)Bildung

Zuckerbrot und Peitsche

Zuckerbrot mit Peitsche
in den Schulen alter Kinder
macht aus gutem Glauben
frühe arme Wirtschaftssünder.

Ließe man sie suchen
nach den Werten der Empfindung,
würden viele Bosse
transparent durch Nichterblindung.

Manche brechen Lanzen,
weil sie in den Augen sehen,
dass die kleinen Köpfe
mehr als je erwünscht verstehen.

Wollen sie erkunden
diesen Schatz aus freien Geistern,
werden sie verwiesen,
ihn mit Strassglanz zuzukleistern.

Denn sie würden strahlen,
sich die Schatten einverleiben
und nicht mehr bezahlen,
um sich daran aufzureiben.

Beten und Treten

Manche rennen zu Gebeten,
während ihre Kinder treten,
kommen sie danach nach Hause,
kennt das Beten keine Pause.

Was in Kirchen so erbettelt,
wird daheim neu angezettelt,
Floskeln auf das Brot gestrichen,
denn Erziehung ist entwichen.

Falsch gelobte Eitelkeiten,
ganz normal, wenn Kinder streiten,
frage deinen Psychologen:
Freisein ist nicht Unerzogen.

Weichgespülte Worte lindern
Zorn in interessanten Kindern,
nur nicht schauen in die Seelen,
könnte Pflichtbewusstsein quälen.

Engagiert und viel geschäftig,
Benefiz macht Glauben mächtig,
heilend wirkt sozialer Puder,
läuft zu Haus' es aus dem Ruder.

Und so streicheln sie sich weiter,
grinsen sich das Leben heiter,
fällt mal einer aus dem Rahmen,
tanzt man fröhlich seinen Namen.

Doch nach innen weiche Federn
sind nach außen oftmals ledern,
werden mit dem Kiel dich stechen,
wenn sie freundlich mit dir sprechen.

(Un-)Bildung

Eliten

Trichtern, Pressen, Lehrstoff fressen
nivelliert die Unterschiede,
wenn die Pädagogen stressen,
protzen sie mit Fachelite.

Tempo, los, und nicht lang denken,
Eigenheiten müssen sterben,
einzig ein Gehirn-Ausrenken
wird nicht das System verderben.

Leistung ist doch, was wir brauchen,
Menschenbildung bringt Rumoren,
nur wer lernt, die Zeit zu stauchen,
wird zum Roboter erkoren.

Bleiben welche auf der Strecke,
kleidet man die Abfallquoten
ein in alte Bildungssäcke,
lizenziert durch Abwracknoten.

Schade um die Fähigkeiten,
die so unbedacht verschrottet,
mancher möchte das bestreiten,
fühlt sich sicherer abgeschottet.

Nobel geht die Welt zugrunde
mit Doktoren und Diplomen
und die andern vor die Hunde,
Tierschutz noch vorweggenommen.

Bleibt die Frage nach dem Streben,
wem soll dieses alles dienen?
Fraget die, die davon leben
und der Schatten Gunst gewinnen.

Neue Kinder

Neue Kinder sind erzogen
nach der strengen Disziplin,
am Gesellschaftsrad gebogen,
welches sie jedoch nicht dreh'n.

Neue Kinder lernen Lernen,
Effizienz im Notenrausch,
Bildungsunrat wird entfernen
zielfixiert Gedankentausch.

Neue Kinder mit Manieren
kommen nicht vom Wege ab,
Contenance sie nie verlieren,
weil man ihnen Mut nicht gab.

Neue Kinder weinen heimlich,
wenn sie Menschlichkeit blamiert,
Herzensblut ist ihnen peinlich,
da es Geistes Frucht beschmiert.

Neue Kinder werden älter,
laufen an der Zeit vorbei,
was nie wuchs, wird immer kälter,
wer nicht leiden kann, ist frei.

Neue Kinder sterben standhaft,
oft umringt von Lebenstand,
in die Lücke, die im Ernst klafft,
wird ein neues Kind verbannt.

Neue Kinder müssten
neu nicht sein, hörte
man die alten schrei'n.

Seltsame Welt

Seltsame Welt

Schlichter

Es ziehen Schlichter durch die Stadt,
die nie etwas verbrochen hat,
man hat sie früher schon geseh'n,
doch blieb man damals wirklich steh'n.

Sie waren nie so vehement,
zu zeigen, wie man sich verrennt,
seitdem man sie besitzen kann,
ist Friedlichkeit ein Größenwahn.

Wie ein Phantomschmerz sticht ihr Spaß
dorthin, wo einst die Frage saß,
das Amputat war infiziert,
zuviel des Guten hat's gespürt.

Der neue Schmerz gibt einen Halt,
der Schlichter gaukelt Heißes kalt,
dies tat er schon zu früher Zeit,
doch damals war sein Sinn befreit.

*Was früher gern
belustigt hat, vernebelt
heute Rat und Tat.*

Obdachlos

Schwere Schlappen zerfleddern den Staub
auf ignorantem Asphalt;
alte Rappen beklettern das Laub,
das für den Sommer bezahlt.

Schräger Wind fährt durch die Häute
porösen Textils;
warmes Kind erfragt zerstreute
Belange des Ziels.

Lächelnd, mundtot entfährt ein Gefühl -
an die Erinn'rung zurück,
als ein Rundbrot, das das Kind nicht will,
stürzt den Enterbten ins Glück.

Keinem *Bitte* folgt kein *Danke*
verschworener Macht;
ohne Worte fällt die Schranke,
Gesichter entfacht.

Die Empathie des Kindes ist kein
Mitleidsimitat, weil Unbefangenheit
nur den Moment im Sinne hat.

Übersatt

Lebensmittelfetzen fliegen
durch die Lust in Wettbewerben,
Fresssack lässt sich nicht bekriegen,
will sein Erbe selber erben.

Lässt Gesichtsbulldozer wüten,
keine Zeit zum Vorverdauen,
wird dem Magen Hardcore bieten
und der Zunge Schlucken klauen.

Feister Konkurrrrententrichter
platzt die Blicke durch die Backen,
macht das Klumpenschlingen dichter,
wer verlier'n will, lässt es sacken.

Und so wühlen sich im Feuer
übersatter Ausgeburten
die durchs Grillrostungeheuer,
die schon immer gerne spurten.

Alles endet in der Tonne
nur zum Nutzen einer Schande,
Überrest und Würgewonne,
Prost dem übersatten Lande.

Heiße Spuren

Die heiße Spur der Perversion
entlässt Betrachter in den Tag,
sie folgen ihrer Illusion,
dass wer ihr folgt, sie finden mag.

Die heiße Spur der Perversion
kühlt ab im Rausch der Spurenflut,
noch ist das Leben nicht gefloh'n,
in andern Spuren faucht die Glut.

Die heiße Spur der Perversion,
ein Streiflicht auf der Wartebank,
zu lau ist sie durch Tage schon,
hält keinen wach, macht nicht mehr krank.

Die heiße Spur der Perversion
verliert im Schweif ihr Angesicht,
verläuft sich in ein Ziel aus Hohn,
schon lange kalt, das Spurenlicht.

Stalker

Ich stehle deine Zeit,
denn meiner kann ich nicht entgeh'n,
du bist noch nicht befreit,
um endlich ganz zu mir zu steh'n.

Das Winden durch den Tag
verursacht Schmerzen im Gehirn,
ich übe, was ich sag,
um dieses schmerzlich zuzuführ'n

Den Schatten, den ich lieb,
verfolgt mein Liebesungetüm,
dein Wort ist wie ein Hieb,
dem ich gern treu geblieben bin.

Ich zerre an der Angst,
die uns verbindet durch den Zwang,
und hoffe irr, du bangst
um meinen unsagbaren Drang.

Und hab ich ihn verzehrt,
beschenk ich dich mit einer Ruh,
die mich nur kurz entleert,
dann schlag ich bald schon wieder zu.

Narrenfreiheit

Die Narrenfreiheit zieht mit Stolz die Gotteshosen an,
weil sie als letzter Weisheitsschluss sich Blöße geben kann,
die Möglichkeiten fallen ein und aus dem Hirn heraus,
die Tänzer trampeln Arrhythmie zum Diktatur-Applaus.

Die Angst vor Stagnation ist nur der Glaube an ein Ziel,
dem niemand länger traut, weil man Gewissheit nicht mehr will.
So stürzen sich die Pilger neuer Ehren in den Tod,
solang sie ihn erleben, mit Vernichtung er nicht droht.

Das Ende ist gewiss, doch hält der Wahnsinn dieses hin,
er lädt Besinnung ein, zur Unverbindlichkeit zu zieh'n,
es überrascht die Jünger seiner Götzen meistens kaum,
die Abstinenz kann immerhin in Dämmerungen schau'n.

Wo bleibt das Mitleidslied, das die Gerechtigkeit erpresst,
das die, die sich gern fürchten nicht im Stich der Wahrheit lässt?
Es pfeift auf seine Mär, die Lethargie mit Wehmut speist,
wer's schreibt und selbst nicht singt, ihm keine Melodie erweist.

Nicht der Narr verdient sein Geld,
sondern der, der zu ihm hält.

Obhut

Verkrüppelt hängt der Blick zum Fenster raus,
die Hände streckt das Kind nach vorne aus,
davon geschleift, entgeht es seiner Not,
die junge Träne kaltem Herz nicht droht.

Distanz dem Teddybär den Trost entreißt,
sein letztes Auge den Asphalt verspeist,
die Flucht in eine Ordnung aus der Pflicht
vereist das vage Zucken im Gesicht.

Verjährt steht die Ruine vor dem Tor,
entlassen sucht Verlassenheit den Chor,
doch niemand singt Gemeinschaft in das Lied,
nur Teddys Auge, das im Zorn verschied.

Verwahrung als Bewahrung führt
zur Verwahrung der Erfahrung.

Neue Trauer

Frohlockend neue Trauer leiert,
wo der Tod Geschäfte macht,
die Messe wird nicht mehr gefeiert,
eh der Messe Kasse lacht.

Die Urne wird zum Spielzeugascher,
chrom-mobil, Verfeuerung,
das Holz versprüht beim Soft-air-brusher
Geld für die Erneuerung.

Ein pietätgenormtes Lächeln
simuliert den Trauertag,
im prospektiös geformten Fächeln
prüft man, wie man liegen mag.

Nicht mehr der Sarg vereinigt Frieden,
vielmehr ist es ein Modul,
modern wird nur kompakt verschieden,
inklusive Trauerstuhl.

Das Leben sucht fidel das Ende
zwischen Bier und Bahrentraum,
das Reiben der Designerhände
wärmt die Offenbarung kaum.

Ich steh am Tor vor einem Blaulicht,
schwitze noch vor Intension,
und dort, wo Rosa nun ein Grau bricht,
läuft mein Todestraum davon.

Gewalt(ige) Beziehungen

An Tagen, die erkranken an Verschränkung der
Beschaulichkeit, verdirbt im Zerren um die Kränkung jedes
Manko bald zum Abgrund der Vertraulichkeit.

Die Schreie, ungezwungen, hört ein jeder, der sie fühlen will,
doch niemand mag sich drängen aus den Zungen, zu
entschleiern das Gesellschaftsspiel.

Das Opfer schießt die Todestränen mit Verzweiflung in
Gardinen, die vergilbtes Glück erwähnen, und die ausgesperrte
Sorge rennt fürs Leben bald von hinnen.

Verschwunden aus dem Blickfeld und von treuer Wut verdaut,
erhofft man, dass der Strick fällt, doch die Opfer ihrer
Schandtat sind in rund erzählter Rage viel zu schnell ergraut.

Tempelgang

In Tempeln entherrlichter Götter
herrscht immer noch herrlichstes Wetter,
vom Karma umgebener Glauben
kann Traumen durch Gläubiger rauben.

Der Pulsschlag verflüssigt die Taschen,
ergießt sich in Hälse der Maschen,
das Herz wird mit Phrasen gesteinigt
und Blut mit Gewinnen gereinigt.

Geläuterter Geiz droht dem Preisen,
die Göttlichkeit ganz zu entreißen,
doch Götter vergeben nur selten
die Gunst, um vorm Tempel zu gelten.

Dort draußen verschleiern Dämonen
das Bangen mit Glückstraditionen,
verflüchtigt der Sinn ihre Schwaden,
Sirenen zum Tempelgang laden.

Kein Cent

Kein Cent,
umgeben von dem Becher,
umfasst von kalter Hand,
gesteckt in letztes Hemd.

Ein Mann,
umgeben von der Menge,
erfüllt von Ignoranz,
nicht wollend, was sie kann.

Der Hohn,
umgeben von der Stätte,
maskiert mit Material,
verspiegelt jeden Klon.

Die Stadt,
umgeben von der Erde,
verformt durch Menschenhand,
für Cents, die machen satt.

Die Welt,
umgeben von den Zwängen,
genannt Gerechtigkeit,
ein Menschenrecht für Geld.

Amok

Die Schwelle überflossen,
schmeckt das Blut nach Online Chips,
die Wahrheit wird begossen
mit der Glut aus Wohlfühltrips.

Das Fühlen ist verdrossen
in der Flut der Cheats und Tips,
drum wird in Fleisch geschossen
aus der Wut im Lebensschwips.

Das Einseh'n hat ein Ende,
weil kein Streben je begann,
Reset ist eine Wende,
die kein Leben retten kann.

Es zittern fragend Hände
um das Beben aus dem Tran,
es hoffen die Verbände
und vergeben ihrem Wahn.

Aasgeier

Was stört den Aasgeier
den Verlust von ein paar Federn,
wenn er seinen Flugkadaver
eigens nicht in Lüfte heben muss,
um zu kassieren,
was er selbst niemals verdient?

Was kümmert ihn
der Träger seiner Last,
wenn seine Diener
sich verfüttern an die Gunst,
die dem Verstand
durch Überschuss an Macht entgegengrient?

Was muss er fürchten,
wenn durch seine Gier
nicht nur der Tod
in ein Kalkül der Nahrungskette fließt,
nein noch dazu der Reibach
aus der Pflicht der Welt
sich klingend als Ersatz
für Fleisch und Blut ergießt?

Nichts,
denn dieser Geier hat kein Herz
zum sanften Schlagen in die Bresche,
weil die Feistheit des Phantoms
als Summe seiner Bäuche
in die Ahnungslosigkeit verfällt;
und jene kleinen Wänste brauchten Platz,
also haben sie die Herzen aus der Leibesgruft
in längst geplante Opfer ihres nächsten Coups verprellt.

Zermürbt

Brutal schleifen vergilbte Hände
widerspenstige Zöpfe
und Milchgesichter
über den Katzenstreuteppich hin zur
ungeküssten Alptraumstätte.

Das Grölen der Nervenbündel
nimmt kein Ende, und die Echos
aus den düsteren Müllhalden der Verlassenheit
werden nicht verhallen, bis die kleinen
Lungen in Tränen schwimmen
und das Jappen der Erschöpfung
wie ein Streicheln des Verschmachtens
ihnen eine Pause vom Verleben schenkt.

Nebenan erstarrt derweilen
nun der Blick in bisszermürbten
Quietscheentchen vor dem Bildschirm,
um die Droge für die Ruhe,
hart erkämpft, für sich zu haben.
Bis zum Morgengrauen wird dann
jenes längst verdrängte Aua nicht ein
Mückenstich der Seele länger sein.

Ein Kind, das sich zum Schlafe
quält, im Traum nur schwarze
Schafe zählt.

Die Guten

Armut, nicht erstrebenswert:
Wenn's die Dekadenz erfährt,
wird die Welt oft umgekehrt,
so betroffen unbeschwert.

Um die Lüge zu besteh'n,
müssen ihrer Wege geh'n
solche, die noch richtig seh'n,
Heuchler locken, Dumme fleh'n.

Bald schon zeigt sich der Effekt
listig hinterm Leid versteckt,
der die Emotionen weckt:
Wer nichts braucht, die Hand ausstreckt.

Welch ein Glück, dass mehr entsteht,
als an Armut so vergeht,
wäre doch vom Wind verweht,
wer sich sonst in Lichter dreht.

Altruistisch jedes Wort,
Taten spült der Glamour fort,
Massenmissbrauch nicht vor Ort,
still verreckt ein Schicksal dort.

*Warum in die Ferne schielen und
mit Armut Frieden spielen, wenn
aus nächster Nähe längst die
Herzen in die Köpfe zielen.*

In Ketten

Warum liegen Rufe des Hungers in Ketten?
Weil Sklaven nicht gerne das Letzte verwetten.
Warum gehen Sklaven nicht gerne aufs Ganze?
Die Angst ist zu groß vor befreundeter Lanze.
Warum fürchten Freunde die Lanze des andern?
Weil Tote nicht länger als Feinde mitwandern.
Warum sind heut Feinde die Freunde von gestern?
Weil Hunger gestillt wird durch heimliches Lästern.
Warum legt das Lästern den Hunger in Ketten,
Weil Satte nicht wieder den Hunger gern hätten.

Trau(er)ring am Finger

Ein Ring am Finger trug den Stolz
der heimatlichen Unvernunft hinaus;
umschlang die Herzen seines Kleinods,
wie der Finger selbst umgarnte jenen Abzug,
hinter welchem eine Seele schmolz.

Ein Ring am Finger blieb allein
mit seiner eingravierten Macht vom Traum -
versank im Staub der Jenseitssonne;
letztes Scharren seines Trägers hat geflüstert
seine Sehnsucht nach dem Herz daheim.

Im System

Gefangen im System,
vom Glanz der Goldigkeit verführt,
mit fauler Frucht verseh'n,
was seine Politur verschmiert.

Es zehr'n von dünner Schicht
den oberen Zehntausender,
wem's schmeckt, verspürt noch nicht,
die untere wird brausender.

Der eine tut nicht weh
dem andern, der vom Einen weiß,
auf dass er bloß nicht seh':
Die Eisen sind beim ersten heiß.

Du könntest etwas tun,
den Kern entsteinen von Morast,
doch dieses würd' beruh'n
auf ,Geben, dass du etwas hast'.

Auch Mut benötigst du,
vor Selbstbeschneidung nicht zu flieh'n,
der Kader lässt nicht zu,
ihm seine Selbstsucht auszuzieh'n.

Die Theorie ein Traum,
umnachtet von sozialem Wahn,
erinnern wird sich kaum,
wer wach wird und sich laben kann.

Junge Dämmerung

In Straßen junger Dämmerung
ein blasser Junge ohne Schwung,
ich seh' ein Mädchen ohne Stolz
aus gleichem abgebrannten Holz.

Die Augen, ausgestochen tief,
verweigern Lächeln, das ich rief,
ich seh' Verzagtheit auf dem Mund
und Knochen durch das Hüftenrund.

Die Worte ihres Schicksals, tot,
zerstampft am Boden ihrer Not,
ich seh' den Wind im seichten Haar
als letzten Wink von dem, was war.

Den Kopf um ihren Horizont
verließ, was nun im Abgrund wohnt,
ich seh' das Licht um ihren Schein,
das ihre Schatten lädt nicht ein.

Ein Funke ihrer Jugend springt
in meine Wahrheit, und er singt,
ich seh' die Sehnsuchtsmelodie
und schenk ihr meine Empathie.

Die letzte Freiheit

Wer die letzte Freiheit sucht,
oft im Dreck der Straße wühlt,
frei ist der, der nicht verflucht,
was gesunde Hemmung fühlt.

Ist verbraucht das Kontingent,
wird ein russisches Roulett
spielen, was man Dummheit nennt,
Schrei nach letztem Schuss zu spät.

Doch das Ego stirbt nicht leicht,
viel zu stolz, die Renitenz,
säuselt harten Tobak seicht,
zu verwässern Konsequenz.

Wer auf solchen Zug aufspringt,
ist, solang er noch nicht fährt,
jener, der ein Loblied singt,
das ihn selbst im Leid verehrt.

Wehe dem, dem nichts mehr bleibt,
als zu atmen einen Rest
eines Zugs, den nichts mehr treibt,
solchen man links liegen lässt.

*Wer den Rahmen sprengt, braucht
eine Rückverbindlichkeit, die das
Mitleid lenkt und es von
Wirklichkeit befreit.*

Maden

Fette Maden halten still und mästen
ihre hohlgesichtigen Leiber
an der Gunst gemolkenen Fleisches
zu Lasten ihrer hageren Brüder.

Sie zehren mundtot von Schwarten
des obrigkeitsgeräucherten Specks,
dessen würzige Frucht
freilich nur den Käfern zugute kommt,
die den Zorn ewiger Engerlinge fürchten.

Maden im Speck
sehen gern weg,
wenn nur der Dreck
dient ihrem Zweck.

Maden verzerr'n
Schmach edler Herr'n,
und sie entehr'n,
die sich noch wehr'n.

Maden sind dreist,
sehr eng verschweißt,
meiden zumeist,
den, der sie speist.

Maden versteh'n,
sich zu verdreh'n,
wenn sie erst seh'n,
was sie begeh'n.

Verwaltet

Hehre Sprüche beruhigen leere Flüche
auf überfüllten Fluren mit Flüchtlingen
der Außenwelt, die keiner nach Innen stellt.

Säuselnde Schichten verstopfen niedere Pflichten,
um ihre Entehrung mit der Einsicht
zu schmücken, sich endlich nach oben zu bücken.

Lenkende Schlichter zerdrücken Gesichter
mit einfachen Mitteln betäubender Rechte,
die zwingen, sich um den Verstand zu bringen.

Dreistes Vertrösten der Geistes Entblößten,
erstrebt, sie aus ständig verschobenem Leben
zu reißen, anstatt sie ins selbige zurück zu schmeißen.

Allein der Hohn liegt nicht in der
Verwaltung einer Not, jedoch in
einer Pflicht, die ihr mit
Pflichtbewusstsein droht.

Mitläufer

Der Suchende läuft hin und her,
er weiß nicht ein noch aus,
und hat er seine Richtung raus,
verlässt er sie nur schwer.

Wohin er rennt, das sieht er kaum,
doch darum geht's ihm nicht,
so schön, zu stehen in dem Licht,
verhüllt durch fremden Schaum.

In Scharen folgen andre mit,
die Schwäche wird zum Zwang,
der Vordermann benutzt den Drang,
zu stärken seinen Schritt.

Die liegen blieben, gab es nie,
nur einer, der gewinnt,
er spuckt zufrieden in den Wind
und schreitet über sie.

Nachkriegszeit

Ist es nach dem Krieg,
als Schlangen sich mit Hungerbäuchen
in Hallen alter Suppe kreuchen,
als nach Verzehr der Zufallsspeisen
die Straßen abends nicht verwaisen,
als Menschen in Ruinen fliehen,
die nicht mal Feinde mehr beziehen?

Ist es nach dem Krieg,
als Kinder sich an Hunde kuscheln
und über ihre Mutter tuscheln,
als Männer sich nur noch vergessen,
um sich durch ihre Brut zu fressen,
als Herrscher sich der Angst berauben
und sich als Herren sicher glauben?

Nein, es ist nicht nach dem Krieg,
als Herren
Frauen und die Kinder
inklusive ihrer Schinder
in den Kampf von heute schicken,
um sich sieglos fremd zu schmücken.

Ist der Krieg nur physikalisch, lässt
er Menschenblut krepieren, doch er
wird erst bestialisch, wenn er weiß,
es zu erfrieren.

Boot Camp

Solange Kinder weinen,
ist ihr Blut noch nicht erfroren,
das Werfen mit den Steinen
nicht aus freier Wahl geboren.

Zu sehen ist ein Wesen,
das verlor, was ihm gebührte,
gesehen wird stattdessen,
nur die Wut, die es berührte.

Kann Wörter nicht mehr sprechen,
weil die Stimmen sie verrieten,
doch Wärter werden brechen
ihren Geist, den sie verbieten.

Die Freiheit, sich zu fügen,
um den Zwängen zu entgehen,
wird Träume nicht besiegen,
die ein stummes Kind verstehen.

Vergangenes vertrieben,
denn die Zukunft wird gepredigt,
des Schmerzes, der verblieben,
sich die Disziplin entledigt.

Geschaffen ist ein Frieden
hinter weisem Schulterklopfen,
und Tränen, die vermieden,
in das Blut des Herzens tropfen.

Rufmord

Aus der Idee der wilden Wut
und ausgepresster Möglichkeit
entfacht ein Kleingeist eine Glut
zum Wärmen seiner Einsamkeit.

Die Flämmchen, die er sonst erweckt
im Wind, der Plattitüden bläst,
erloschen meistens unentdeckt,
ein Sturm, der Glut auch wuchern lässt.

Das Feuer sucht sich seinen Weg
durch Späne aus dem gleichen Holz,
und dass es brennt ist der Beleg
fürs Flammenmeer aus hohlem Stolz.

Was schnell verzundert, ist nur Gas,
nur Rauch im Wind der Eitelkeit,
und doch die Reinheit, die es fraß,
ist angeschwärzt für lange Zeit.

Die Asche wird bald weggefegt,
es bleibt der Ruß des Zorns zurück,
und jener, der den Brand gelegt,
versucht woanders bald sein Glück.

Ghetto

Im siechenden Mondschein bemalen die Schatten
das Schicksal der Straßen, die Lichter nie hatten.
In Nischen, die Intimitäten verfrachtet,
die vogelfrei sind und als solche verachtet.

Die Ruhe ist trügerisch trotz des Vergessens,
die Schwäche des Friedens, ein Ziel des Vermessens,
das sinnlose Warten hat Taten beschlossen,
Gekrönte der Tage in Nächten erschossen.

Und jene, die nicht einmal Schatten bewohnen,
verschlafen Tumulte an blutigen Tonnen.
Am Morgen verlieren sich Kinder dazwischen,
sie lernen, die Spuren der Nacht zu verwischen.

Aus Riefen des Lebens verwaschen die Stunden
das Herzblut der Liebe, und kämpfender Wunden;
der schillernde Himmel, nur zwei Straßen weiter,
erbricht keinen Mut aus verwahrlostem Eiter.

In der Polarität der Sorgen bleibt
die Diskrepanz verborgen.

Schatzsucher

Gardinen verlodern Fragment einer Heimat
durch Löcher, geschmissen von Heimatneurosen;
die Zukunft der Wiese, sie züngelt alleine
dem Himmel entgegen, gepflastert mit Dosen.

Das Tor lädt nicht ein mehr zu bettenden Festen,
nur aus - durch das Zerren von neugreisen Kindern -,
in Häusern mit Dächern, die keinem gehören,
zu suchen im Dachstuhl nach Schätzen von Sündern.

Sie finden nur Bücher und Bilder mit Menschen,
das Lachen darauf nur versteinerte Fratzen,
die Texte sind Geister im Spukhaus des Plünderns,
Gespenster vermögen die Lust nicht zu atzen.

Der Abend vertrollt die enttäuschten Besucher,
Sirenengeheul hat die Zukunft verwunden,
ein Feuer ist geil und erhitzt die Gemüter,
ein Sinn aus der Altlast für wenige Stunden.

Schmutzige Spielzeuge

Im Schatten von Vermächtnissen
erleben stille Erben,
dass Märchen in Gedächtnissen
die Wahrheit bald verderben.

Einst tobten sie im Übermut
als Kinder von Erfindern,
bestrahlt mit dem Gedankengut,
die Not der Welt zu lindern.

Atom, zerlegt in Zeit und Raum,
ein Spielball der Gelehrten,
die Enkel finden heute kaum
zu diesem Spiel Gefährten.

Sie müssen doch und wollen nicht
verschmutztes Spielzeug retten,
weil alles, was nach diesem riecht,
sich selbst sonst legt in Ketten.

Der Raubbau einer Möglichkeit,
noch mehr in uns zu finden,
erzwingt die Unpersönlichkeit,
sich an den Wahn zu binden.

Und Kindeskindes Kindeskind
spielt nicht mit Lärm und Lichtern,
es kämpft im neuen Schicksalswind
um Lachen in Gesichtern.

Schwache Gruppen

Im Flug genommen die Bastion,
entkräftet ihre Tradition,
die, ohne Worte, sind gefloh'n,
die andern infiltriert er schon.

Nur hier und da weich abgewehrt,
verdreht die Köpfe, die beschwert,
sich als die neue Norm erklärt,
wer schwach ist, sein Profil erfährt.

Getarnte Nivellierung spielt
der Dieb, der gönnerhaft bestiehlt,
sein Zugriff meistens ungezielt,
die Überump'lung ist gewillt.

Die Rücken stärkt dort niemand mehr,
Zersprengte fallen nur umher,
vermissen das, was war, nicht sehr,
denn ohnehin war niemand WER.

Steril

In der steril verdreckten Not
nur Eingeschweißtes uns nicht droht,
schon längst nicht mehr uns das verführt,
was vor uns hat schon wer berührt.

Die Frucht kommt nicht aus reifer Hand;
entfernter als aus ihrem Land,
erscheint sie uns im Vakuum,
entsiegelt, bringt die Luft sie um.

Der Tand zu uns als Edles spricht
durch unnahbare Packungspflicht;
Wahrhaftigkeit ist dort zu spür'n,
wo Worte noch Gesichter führ'n.

Berührungslos vergeht die Welt,
geküsst mit lippenlosem Geld,
von Menschen ohne Zunft gemacht
sowie vom Kind, das niemals lacht.

Und selbst der Mensch ist eingeschweißt,
sein Pathos konserviert vereist,
entblättert, bröckelt er dahin,
wo niemand auftaut, ihn zu seh'n.

Tal im Kopf

Ein letzter Glanz versiegt im Schwarz
der blauen Seen im Kindgesicht,
und dürstend schreit das Tal im Kopf
nach Wasser, welches Leid zerbricht.

So peitschend trieb der Wind hinfort
die letzten Tropfen Einsamkeit,
so matt und leer, das Spiegelbild
von Fragen, die zu spät befreit.

Ganz ohne Hall und Wiederkehr,
zerfallen Worte tief am Grund,
sie finden Quellen blutleer vor,
Verkrustung schützt die Seele wund.

Im Dunkeln aber liegt das Licht,
ein Funke noch erglimmt die Wut,
wer möchte, dass er nicht verbrennt,
gibt endlich Wasser auf die Glut.

Schau den Menschen in die Augen,
und du siehst im Schwarz ein Licht,
das dich zwingt, es aufzusaugen
oder macht Pupillen dicht.

Tief ergriffen

Eingeschweißte Blöcke steinigen
- vollstreckend Urteil aller Gnaden -,
normentgleisten Sinn des Lebens,
ohne selbst darin zu baden.

Pflasterblicke bilden Mahnmale
- Galionsfiguren des Bedauerns -,
sind zum Wohl der Tat zur Wohltat
tief ergriffenen Erschauerns.

> *Der Blick, der sich*
> *zum Rollstuhl dreht,*
> *rotierend nach*
> *Beachtung fleht.*

Äskulapstäbe

Längst hat der Stab des Äskulaps als Rührgerät
im Topf der Münzen seinen Edelmut verloren.
Und die Natter züngelt gierig mit der Spaltung ihrer Zunge
um die abgewetzte Ehre.
Diese leckt sich nach dem Stand, vielmehr als früher sie
gestreichelt hat die Wunden ihres wohlverdienten Futters,
das sie heute hilft, zu würgen – scheinbar, um fürs Wohl zu
bürgen.
Doch allein, was hilft der Glaube, wenn der Eid in Taschen
streikt, die nichts verzehren und vor arrogant verschlossnen
Praxistüren aufbegehren?
Denn das Heil ist ein Politikum aus fremdem Blut für eigen
Fleisch. Sie krankt, die Schlange, an der Perversion des Giftes,
das den rechten Schmaus nicht findet und sich so um aller
Opfer windet.

Aufbegehren

Aufbegehren gegen Monster,
die nur Energien schinden,
die woanders nötig wären,
ist nichts, um sich selbst zu finden.

Schreie, die die Straßen quälen,
sind Manöver keiner Nöte,
nur die Schreier selber glauben,
dass ihr Zorn die Monster töte.

Werte, die die Wunden pflastern,
schenken Spieler Planskandalen,
das Verbluten tief im Innern
füttert ihren Wahn mit Qualen.

Aufbegehren wird zum Status
längst vergess'ner Teufelswerke,
denn die Sucht ist ein Verlangen
blutentleerter Willenstärke.

Lange Wünsche kurzer Zeiten
werden ihnen Ruhe schenken,
das Vergessen ihrer Sehnsucht
wird sie seicht durchs Leben lenken.

Der abgelenkte Mensch entstellt die
Seriosität der Welt mit Lust, die er
für wichtig hält, derweil sich seine
Haut abpellt.

Am Ersten der Letzte

Lust, zu raufen geht verloren,
wenn der Erste ist der Letzte,
nur noch Saufen, ungeschoren,
von der Uhr, die man versetzte.

Lust, zu trinken wird zum Schmachten,
wenn die dürren Kröten sterben,
und so winken die Verkrachten
scharf mit ihren Lebensscherben.

Lust, zu Kämpfen ist verrottet,
weil die Scherben nicht recht stechen,
im Gekrampfe wird verspottet,
der die Weisheit wird erbrechen.

Immer-Da

Ein Rest Sahara fällt auf Dächer
engagierter Waschanlagen-Junkies,
die die Seuche ihres Forderns
aufs Parkett der Wohngarage betten.
Und die Reinemachefrau erkennt im
Sandkorn eitlen Zornes ihre Heimat
als ein Gruß auf Blech,
das seine Energiereserven
schon im Voraus hat verbraucht.

Solchen Tag kann kaum die Sehnsucht
eines *Immer-Da* nach Lebensabschnittslieben
auf dem Sofa vor dem Kerkerfenster retten,
jedoch das Lächeln eines Wissens um
die Sorge in der Ferne um die Liebe,
die im Feuer des Globalinfernos bangt,
doch nie verraucht.

*Saharasand, den Regen bringt, den
einen zur Erregung zwingt, dem
andern sich als Gruß verdingt.*

Zeitgenossen

Unangenehme Zeitgenossen
tropfen von enger werdenden Sprossen,
denn ihre Zukunft ist verflossen,
als sie ihr Herzblut haben vergossen.

Fallen mit jeder Siegesstiege
in die Verrohung hilfloser Kriege,
schwer wird der Schmutz am kleinen Siege,
was an der Schuld der Beschmutzten liege.

Ernten nicht, was sie selber säten,
helfende Hände sind Raritäten,
Hähne verleugnen, was sie bekrähten,
wenn neue Tage das Unkraut jäten.

Vice versa

Wenn Opfer ihre Schläger
um Vergebung bitten müssen
und Schuldner ihre Pflichten
bei den Gläubigern vermissen,
wenn weiße Tauben duldsam
schräger Vögel federn küssen,
dann liegt dem Preis des Friedens
die Verdrossenheit zu Füßen.

Wenn Helfer für die Hilfe
eine Rechenschaft erfinden,
und sehende Voraussicht
muss dem Recht zulieb' erblinden,
wenn Richter uns versprechen,
die Gerechtigkeit zu binden,
wird alles, was wir fühlen,
unser Recht, zu weinen schinden.

Wenn Schachern um die Güte
Qualität des Guten schlachtet
und Kompromisse zählen,
deren Sinn kein Mensch erwartet,
wenn Einigkeit bedeutet,
zu ertragen, was dort schmachtet,
dann leben wir, zu lieben,
was uns nach dem Leben trachtet.

Wenn uns Verdrossenheiten
endlich nicht mehr fragend quälen
und unser Recht, zu weinen
bohrt sich nicht mehr in die Seelen,
wenn Trachten nach dem Leben
aufhört, Menschen nachzuzählen,
dann sind wir zu vollkommen,
um die Zukunft auszuwählen.

Die Welle

Die Welle rollt, ein Hauch von Wind,
was kümmert uns des Kindes Kind,
wir könnte reden über viel,
noch lässt die Zeit uns dazu Spiel.

Die ersten Tropfen peitscht die Gischt
nicht uns, den ander'n ins Gesicht,
wir sollten schreiben ein Papier,
ihr seid beruhigt und sicher wir.

Die Woge trifft das nackte Land,
das Geld im Spaßgewand verbrannt,
wir müssten eine Mauer bau'n,
verdeckt, was nicht schön anzuschau'n.

Auf Wunden tanzt das neue Glück,
das Blut im Meer schwimmt bald zurück,
wir wollen nur nach vorne seh'n,
weil hinter uns die Mauern steh'n.

So wächst mit jedem neuen Wind
heran ein neues Kindeskind,
es lehrt den Mauerbau das Geld,
wird knapp und eng damit die Welt.

Dann kommt die Einsicht auch zu spät,
dass jener sich den Hals umdreht,
der glaubt, zu sichern sein Revier
mit Wänden ohne Ausgangstür.

Was muss kaputt gehen

Was muss noch kaputt geh'n,
um Zerstörungen zu sichten,
was muss wer noch durchsteh'n,
um von Wahrheit zu berichten?

Welche Finger zeigen
auf die Dinge der Verblendung,
nicht auf gutes Schweigen
zur gedanklichen Verschwendung?

Wo zerfällt die Frage
in die Teile ihrer Antwort,
ohne flache Plage,
die nicht Fragen in das Land bohrt?

Wie erkennen Trümmer
die Erbauer ihrer Streben,
die vielleicht noch dümmer,
glanzvoll selbst in solchen leben?

Wann? Ist hier die Frage,
nicht die Suche nach den Gründen:
Wann zerbricht die Lage,
um uns gänzlich neu zu finden?

Netzkriecher 1

Ich krieche durch das Netz
und finde Seelen ohne Wesen,
versuchen dort, ihr Herz
aus Furcht und Hoffnung auszulesen.

Die einen sammeln Glück
und schnappen wild nach Komplimenten,
Konstrukt aus Feingefühl
lässt Emotion im 'Smile' verenden.

Die andern scheucht das Spiel,
gesichtslos Schiffchen zu versenken,
die Namen vor dem Schuss
sind kaum entsetzt, weil sie nicht denken.

Sie alle woll'n durchs Tor
in Fenster übersäte Räume,
das Schicksal schaut hinaus
in Spiegel dunkler Wahrheitsträume.

Die neue Digitalität das analoge
Denken schmäht; kein Zwischenton,
der mehr verrät, warum wie wer die
Welt versteht.

Netzkriecher II

Rasende Hirne husten ihren Schleim
sozialer Infekte aus virtuellen Dreckschleudern
in ungeimpfte Massenkonsumenten,
um diese vom gesunden Hausverstand zu läutern.

Ein Siechtum, in höchstem Maße ansteckend
und nie immunisierend; wer's einmal hat,
der hat es immer, reicht es weiter, fein diskreditierend.

Und sein Fieber brennt die Lust am Virtuellen nieder,
gestern, heute, morgen,
immer wieder ...

... nur solange
ihn die Server tragen ...

... sind diese tot -
erstickt am feist Erbroch'nen fieser Streuer -
geht's ihren Viren endlich an den Kragen ...

... möcht nicht wissen, was die Wirte treiben
an realen, letzten noch verblieb'nen Tagen.

Netzkriecher III

Der Geist, verfüttert an Vitrinen
virtueller Dampfmaschinen,
stellt sich aus,
kann kaum entrinnen
seinem Zwang, sich zu verdienen.

Nur, warum erzwingt er Reden,
die ihn loben oder auch befehden,
dabei niemals wirklich
für ihn ein- noch auf ihn treten,
weil sie selber nur für Hoffnung
aus den Eigenzwängen beten?

Ohne Antwort so zu finden,
treibt das virtuelle Binden
mit Gefangen mit Gehangen
Blüten, deren Nektar überfüttert
und mich zwingt, mich selbst
vom Feld zu schinden.

Medial-Politisches

Medial-Politisches

Hermeneutikaberglaube

Penetrante Empörung
seriösen Mattscheibenlächelns
tritt bestimmend auf,
doch weiß genau wie die Bestrahlten,
dass sich ihre Kontrahenten
nicht einmal die Bäuche halten.

Ihnen haben sie's gezeigt,
die Unbelehrbestechbaren,
doch ist die Forderung verpufft
und moderates Schulterklopfen
in toten Studios verhallt,
ist selbst das Wort zum Sonntag
keine Glaubensfrage mehr,
nein fast schon Wissen,
das den Hermeneutikaberglauben
in den Schatten stellt.

Glauben die Boten der Hermeneutik
wirklich, dass wir der Hermeneutik
ihrer Botschaft glauben?

Vermarktetes Leid

Vermarktetes Leid überm Lächeln der Sehnsucht,
das selber nicht führt das Geschäft mit der Inzucht,
gesammelte Fetzen zerschmetterter Herzen,
Kulturmosaik als ein Bruchstück aus Schmerzen,
millionenfach in Exponate geschunden,
vom Hochglanz umschlungen, verlockend gefunden,
Besitz eines Mitleids als Buchregalzierde,
verliert sich im Nutzen der Staubtuchbegierde.

Verlorenes Kind

Die Stimme gut, Musik im Blut,
kopierte Wut im Können ruht.

Geformte Gunst aus eigner Kunst,
die Stimmenbrunst, kommerzverhunzt.

Ein laues Lied den Künstler flieht,
der nicht mehr sieht, was ihm geschieht.

Ein Werbegag, der letzte Scheck
auf einem Weg vom Bild zum Fleck.

Auf sich besinnt, wer nicht gewinnt,
wenn Zeit verrinnt – verlor'nes Kind.

Machbar

Ich sehe im live-stream das Grausen
des Öles im Ozean brausen.
Die Technik ereifert mein Wissen,
entlässt mich aus meinem Verdrießen.
Warum brauchen wir Katastrophen,
um online im Wahnsinn zu schwofen?
Es sind diese Kräfte, die einen,
um wirkliche Not zu verneinen.
Ressourcen verschwendet das Lachen,
um lebbar, was tötet, zu machen.

Nur das Gute

Die Konvention ist streng geschützt
zum Brechen ohne Splitter,
die Leiber, denen das was nützt,
sind die modernen Ritter.

Entschädigung für Tod und Leid
fernab der eig'nen Heimat
ist nichts als reine Einsamkeit,
die niemanden hineinbat.

Verlassen ist der Overkill
und Kinder aus dem Blute,
wer ihre Zukunft haben will,
der sucht doch nur das Gute.

*Was nutzt dem Kind, das
ungläubig verblutet, eine
große Konvention? Die
Größe eines Todes
spottet jeder Konfektion.*

Schäbiges Schmachten

Augen,
verlassen von Weiden des Lebens,
brechen mit Blicken der Hilflosigkeit;
saugen
verzweifelt nur Reste des Gebens,
welches verfressen im Blute gedeiht.

Erben
des Schicksals verlorener Schlachten
haben noch niemals den Angriff gewagt;
sterben
belanglos in schäbigem Schmachten,
Antworten bleiben, die niemand erfragt.

77

Alles wird gut

Glauben ohne Leidenschaften
halten Zahlenspiele bei der Stange,
Ziele leerer Eigenschaften
währen so unendlich, beugend lange.

Wellenberginformationen
brechen brach gelegten Stolz der Meere,
die dort hausen und nicht wohnen,
füllen Schläge ins Gesicht mit Leere.

Welche Sorgen haben Mühen,
die den Gegenwind nicht fürchten müssen?
Weder wird der Schmu verziehen,
noch geschmeckt das alte 'Füße küssen'.

Trallala

Entsetzen packte mich, als ich es sah,
fernab der Musikalität von Etwas Frieden,
der Wunsch nach Euphorie verschwamm so nah,
allein die Show enttarnte sich als ausgeschieden.

Gefüttert ist der Schwärmereien Not,
verletzt, verwirkt das Ehrgefühl der Harmonien,
erschossen, meine Zeit für fremdes Brot,
den Wunsch, zu singen haben Ohren ausgespien.

Nur ein kleiner Krümel Brot und Spiele
für Europas große Ziele.

Schmetterlingsdämmerung

Das Flügelschlagen bäumt sich würgend auf,
nachdem sein Schatten sich im Licht erbricht;
geschleckt, geschlucktes Gift im Ausverkauf
enttarnt sich als ein Fraß mit Lustverzicht.

Die Risse in der jungen Haut entstellt
die Masse aus verpuppter Dämmerung;
der Schmetterling sich nun zur Raupe pellt,
gebiert sich ohne jede Schwängerung.

Entmachtet, mächtig wälzt der Wurm dahin,
wird umgegraben und entsetzt die Saat,
und kann doch nicht aus fremden Früchten flieh'n,
zu fett zum töten, weil er Blut noch hat.

Nur langsam stirbt sein Fluch im Wohl zum Zorn,
worauf, das weiß ein niemand, als er schreit;
er hätte gern den Kampf ums Feld verlor'n,
doch treten ihn die Trauerstiefel breit.

Die Raupe wird zum Schmetterling und
fliegt davon dem Ruhm;
doch wird aus ihm ein Engerling, erbrach
er zuviel Rum.

Schwarzes Sommerloch

Jeder gegen jeden heißt das Spiel
des Sommerlochs, in das die Toten fallen
aus Zermürbung ihres Geistes und der
Marterung der Trance durch verblendete
Geschäfte.

Jeder ist sich selbst so nah
im Niederreißen des Verbleibs
bei alberner Betroffenheit
politisierten Leichenschmauses,
der sich nährt von der Verzweiflung
tot gestampfter Kinderkräfte.

Wieder nur ein Großbrand,
der gebietet, dass man
seine Asche nicht verstreut;
stattdessen ihm ein Opfer bringt,
und den Geköpften mit den Minen
grober Trauer in die Ordner hefte.

Ein Fest, das sich in Trance verliert,
vom Katastrophenfall blamiert,
die Schuld wird aufgeteilt halbiert,
damit ein niemand sich geniert.

Applaus

Beliebtheit tanzt auf glatten Brettern,
die die Welt zerstreuen;
das Glatteis stammt aus platten Wettern,
die den Hohn erfreuen.

Applaus verstirbt im Hall des Jubels
als ein Schatz der Kenner;
die Kunst verbrennt im Schwall des Rubels
feister Hintermänner.

Zutiefst erlebt entrücktes Leben,
Angesichter strahlen;
man nimmt ihr unbeglücktes Geben,
um damit zu prahlen.

Es bleibt die Chance im Kern der Beute,
sich erneut zu rüsten,
so manch vergessenen Stern der Leute
Musen wieder küssten.

Fliegende Wechsel

Die Reste eines Modells hängen
tropfend von der Wand,
das Wetter seiner Zeit
hat es vom Stadtplakat verbannt.

Diskounterschuhe treten Fetzen
in den Dreck der Stadt,
sie blättern dann zu Haus
in einem neuen Käseblatt.

Der Regen spült in sanften Fasern
jene Schönheit fort,
die nach der Botoxlist
nicht länger Lust in Blicke bohrt.

Die Unerreichbarkeit der Straße
ist nur ein Moment,
nachdem vor neuem Bild
das alte sich vom Leben trennt.

Hinnehmend gebend

Diskounter-Menschlichkeit
mit längst abgelaufenem Lächeln
vergammelt auf Ständen
in wohlfeiler Packung sortierter Gesichter
- mal regendurchtränkt oder Sonnen verdorben -,
doch kaum noch genießbar im Fett jeden Wetters.

Verkauft sich,
beworben mit Flyern aus Halbherz
- da andere Hälften den Wohlstand beteuern -,
viel billiger als ein Deluxe-Benefiz
aus den markigen Schalen
fabrikneuer Barden.

Doch weder das Rohfleisch
mit Leben am Rande
noch Delikatesse in Ruhmkonservierung
verzückt noch die Unlust verwöhnter Befriedung,
sich später als spendende Narren
in Jubelskandalen der Zeitung
zu finden.

Hinnehmend Geben hält Hunger
am Leben.

> *Der Benefiz erzwingt Verstand,*
> *zu prüfen, wem er zugewandt,*
> *gewinnt ansonsten sehr oft Land*
> *und stellt die Armut an die Wand,*
> *verspottend jede Geberhand.*

Kompatible Systeme

Wir leben die Zeit kompatibler Systeme,
verwalten in Würde Kultur der Probleme,
es fließt unser Jammern ins Tal des Vergessens,
Beliebigkeit ist ein Gesetz des Vermessens.

Die Lust und die Kraft unsrer Differenzierung
verschwimmt in die Ängste vor Machtdiffamierung,
wir wählen die Macht aus der Wahl alter Mächte,
als ob neue Färbung dem Rost etwas brächte.

Den Werten verfallen, die uns nicht beschweren,
verwehr'n wir, uns gegen Verfälle zu wehren,
ein Unwort im Denken der kritischen Massen,
ihr Schrei - nur die Freiheit auf dreckigen Straßen.

Vollkommenheit scheint sich, in Zeit auszudehnen,
im Kreise der Greisheit sich ewig zu wähnen,
die letzte Bastion ist der Hunger alleine,
doch ist er bewaffnet, kennt Gnade er keine.

Kreuze

Knochen in Asphalt getrieben,
derer die auf Strecken blieben,
sind an Kreuzen hingerichtet,
nur Betroffenheit verpflichtet.

Diese schmückt und ehrt die Toten,
Konsequenzen sind verboten,
lasten auf dem Schwur der Freiheit,
doch gewähren ihr den Maineid.

Wo kein Kläger, da kein Richter,
nur ein Emotionenschlichter,
der mit wohlgemeintem Herzen
meint, die Wahrheit zu verschmerzen.

Und so winken Kreuze weiter,
mahnen ohne Sinnbegleiter,
sind die Namen drauf verrottet,
neues Holz am Wegrand spottet.

Mediales Aas

Öffentliche Masken
pochen auf den Anspruch,
in privaten Sphären
bezahlten Voyeurismus zu genießen.

Schmacht der Falten nach der Jugend
schlägt mit hämischer Betroffenheit
in Kerben gleicher Leiden derer,
die als Freiwild
sich enttarnen müssen,
weil Hyänen allzu gerne
nur das mediale Aas
in ihnen sehen.

Haben Blicke ausgeweidet
vorgeführtes Scheitern ihrer Träume,
spucken sie das Blut
der einverleibten Hirnkadaver
durch den Kuchen
aus dem Supermarkt.

Das Tuscheln über Einsamkeit von
glamouröser Not, vertuscht nur die
Begehrlichkeit, die unsern Köpfen droht.

Öffentlichkeit

Die Öffentlichkeit zelebriert,
was niemand dieser schenken mag,
ihr Bild hat nie den Tag vibriert,
denn jenseits trifft die Nacht der Schlag.

Aus Rückhalt prescht die Front hervor,
die ihren Schatten spielen muss,
weil dieser längst sein Licht verlor
im unerhörten Wunschgenuss.

So schwimmt sie unter Normen her,
die sich verändern, nur nicht geh'n,
doch nähme man sie aus dem Meer,
wär' Wasser ohne Schaum zu sehn.

Die Unnatur der Nacktheit stirbt
seitdem die Scham verdrossen hat,
vielleicht Kultur um Schönheit wirbt,
doch macht den Ursprung oft nicht satt.

Pailletten des Todes

Wenn Geißeln des Übels den Einfluss der Reinheit
von hochdekadenten Gelehrten erreichen,
behängt man mit jenen das nackte Verderben -
Pailletten des Todes soll'n Labsal erschleichen.

Geschlossen zu schwelgen in maßloser Freiheit,
verdarb ihren Spaß, sich an sich zu vergehen,
das Ende ist stets konsequenter als menschlich -
doch dies wird die Eitelkeit niemals verstehen.

Belogenes Publikum wird vielleicht jauchzen
und zahlender Kader den Grabstein verwöhnen,
doch werden sie nicht ihre einfachen Leben
im Tausch gegen Fäulnis dem Tod-Lacher gönnen.

Die Tugend, aus der Not gebor'n,
ist ein Naturgesetz;
die Tugend, mit der Not erkor'n,
verschleierndes Geschwätz.

Treuhand

Die Schulden großer Lügen
gibt man gern in treue Hand,
die Gläubiger bekriegen
Schuldner - ihnen unbekannt.

Ob Missstand einer Gruppe
oder Frost im Berberlied,
ob Menschen ohne Suppe
oder Hass, dem nichts geschieht,

ob Gifte in der Umwelt
oder Scheindemokratie,
ob Leistung ohne Entgelt
oder Kauf-auf-Pump-Manie,

ob sinnbefreite Regeln
oder Gartenzaun entzweit,
ob Kinder, die sich flegeln
oder Kinderlosigkeit,

in Treuhand der Gesellschaft
liegt so manche stille Not,
doch wird man ihr nicht habhaft,
weil sich jeder selbst dann droht.

Die wahren Schuldner waschen
sich jedoch die Hände rein,
sie wissen um die Maschen,
wie man Massen macht zum Schwein.

Quizgladiatoren

Der Quizgladiator am Rande
des Existenzminimums lässt sich
von Schreiern aus der Unwucht einer
Sicherheit in altbekannte Armut feuern.

Fassungslos begrinst der Schweiß
aus Glück die schwarze Meute der
Arena und erliegt der kurzen Lust,
dem sich nicht mehr Erkennen im
Dilemma.

Wäre sein Gewinn der Preis des
Glückes nur geblieben, würde ihn
kaum kümmern, wie sich vorher noch
die Geiferer die Hände rieben.

Doch so geht er, wie er kam, mit
ausgeborgtem Fahrschein aus dem
Risiko der Stunde, und der Fußtritt
aus Applaus erpresst sein Grinsen
zur verdummten Ehrenrunde.

Shootingstar

Sind alleine, wenn sie kommen,
werden überhäuft mit Sonnen,
separieren ihre Freuden,
um die Lust nicht zu vergeuden.
Lachen fällt in leere Herzen,
Weinen teilt nicht mit die Schmerzen,
ganze Männer, starke Frauen,
scheinen nur, auf sich zu bauen.
Bersten aus durch ihre Strahlen,
implodieren, wenn sie fallen.
Sind im Rausche nur zu sehen,
kurz bevor sie einsam gehen.

Stierkampf

Die Perversion des Stolzes blutet vor sich hin,
und als Trophäe seiner Beute präsentiert er sich
ganz unbefangen an dem Horn gequälter Kreatur.
Der Schmant aus sportverdammter Fleischerei
bejohlt die Treibjagd des Zertretens, und ich
kann mich einer Solidarität nicht ganz erwehren,
die mich steigert in ein Mitgefühl - fast ungetraut -
für pure Wut aus dem Instinkt. Wer's überlebt,
ist nicht egal, wenn dieses Vieh erst menschlich wird.

> *Dem Tier im Menschen fehlt die*
> *Macht, die Tieren aus*
> *Gesichtern lacht.*

Stimmungsmacher

Phrasen hetzen heißes Wetter
aus der bunten Schreierfalte,
Grillgeschwätz ist unser Retter,
den die Industrie bezahlte.

Wo man hinschaut, simple Freuden,
und die Wetterfrösche geifernd:
Morgen müsst ihr noch mehr leiden,
schwitz-verzückt im Anzug eifernd.

Nur Sekunden später jaulen
die Bedenkenträger Wissen,
dass gelobtes, fettes Faulen
hat die Trockenheit zerrissen.

Klettert Hitze nicht zu Ziffern,
die die roten Zahlen tünchen,
kann man sich bei Katastrophen
wenigstens noch Wahlen wünschen.

Zwischen Gieren und dem Warnen,
um die Köpfe zu vernebeln,
können sich die Macher tarnen,
wenn sie unsre Stimmung knebeln.

Fürsorger

Fürsorglich schwelgen bemutternde Augen,
leiden im Alibi großer Gefahren,
geiferndes Schauen wird schwerlich nur taugen,
uns vor hysterischer Not zu bewahren.

Fühlen sich zu uns, nicht von uns berufen,
eine Bedrohung im Zaume zu halten,
die sie sich selbst und nicht andere schufen,
schwächelnde Ängste wird Furcht nun verwalten.

Denn sie erschaudern nicht vor unsern Nöten,
vielmehr erschrecken sie vor den Gequälten,
die ihnen nicht mehr die Ehre erböten,
wenn sie in Massen sich gegen sie stellten.

Also verschlingen die Späher nicht Taten,
die ihre Schäfchen zum Opferlamm machten,
woll'n nur dem schlachtenden Richter verraten,
welche Geopferten sie wohl verachten.

Null zu eins

Das war's, und nun zurückgekehrt
zum Hauptteil der Peripherie,
die Hitze feiert ohne Ruhm,
good bye Nationenhysterie.

Das Glas hat sich schon längst entleert
in Kurzweil einer Sympathie,
das Leben leidet erst posthum,
wo selten Wichtiges gedieh.

Überträchtigkeit

Im Schleim vergossener Überträchtigkeit
suhlen sich verlangende Macher
und mischen ihre geistige Melasse
mit dem Blut erpressten Applauses -
ein Brei, der den Fötus des Werkes
zum Eingehen drängt,
ehe dieser sich pickliger Jugend
als Totgeburt schenkt.

Hier Jubel überladen mit
euphorischer Gewalt,
dort grölen Hasstiraden,
mit der Bürde, die bezahlt.

Diskussionen

Glänzende Gesichter zerfetzen
Selbstverständlichkeit zu Schnipseln
argumentativer Windungen.
So verlassen die sperrenden Mäuler
gestikulierend Novellen zur Rechtfertigung
neuer Erfindungen.

Geschmiert und gepudert,
zum Urteil der Gäste entlassen,
entblößen sich weitläufig Zähne,
im passenden Glanz ihrer Schuhe gelackt.
Gesteinigte Hirne mit Brocken aus Anstoß
verzeihen den Wurf,
wenn man vorher in Watte sie packt.

Das fade Gelächter verstreicht
die Verstimmung aus lustiger Runde
und reicht kaum zur Schande.
Erzürnung folgt selten.
Kein Wunder, verleiht doch die Bildung
wattierten Benehmens die Gnade,
zu mimen die kritischen, sauber Erwählten.

Talken, talken, talken ... um
Besonnenheit zu stalken ...

Die Macht des ~~W~~Geldmeisters

Ehrensalven schmetternd funktionieren alte Herren,
können kaum Begeisterung aus Müdigkeiten zerren,
Jubel über gar nichts ist ein reflektiertes Plärren,
Helden der vier Jahre sollen Menschlichkeit entsperren.

Familiäres Grinsen ist ein Bindeglied der Straßen,
Fahnentreue, patriotisch, wo sich Nachbarn hassen,
frage ich nach Dingen, die mich täglich leben lassen,
kann sich keine Antwort mit der Wirklichkeit befassen.

Sehe Diskrepanzen zwischen Rasen auf dem Spielfeld,
und den Vuvuzelas in den Hälsen wo nichts reinfällt,
kann nicht Freiheit riechen, weil Gefangenschaft sie hinhält,
die zum Siege siechen, kaum noch einer mehr sich hinstellt.

Fahles Kommentieren durch die Runden bis zum Ende,
lustig tanzen Puppen für Millionen der Verbände,
Stimmung tötet Stimmen, zu verhindern eine Wende,
nationale Lage sich im Endspiel gerne fände.

Nur die Profiteure, die an Unterkanten schwelen,
sind dabei, mit 'was auch immer' und der Lust, zu hehlen,
ist sie aufgebraucht, kann niemand Fans noch etwas stehlen,
wer nicht weiß, dass er nichts hat, dem kann es an nichts fehlen.

Satirisches

Satirisches

Schweinereien

Verlässt ein Schwein den Trog zu früh,
in ihm nicht Schweinerei gedieh,
denn weil es ihm nicht länger schmeckt,
als Grund in seiner Nahrung steckt.

Es speit sie aus, sie zu versteh'n,
die andern wollen sie nicht seh'n,
sie halten ihren Kopf in Schach,
wer weiter frisst, der wird nicht schwach.

Doch schwärzt der Ungeruch sie an,
man so was schwerlich fressen kann,
der Lügner stinkt, nicht unser Mahl,
erklärt das Schweinetribunal.

Der ist zu Unrecht sehr entsetzt,
denn Recht ist, was sich langsam setzt,
der Schweineclub schaut satt und rund,
das Unschwein riecht aus seinem Mund.

Was bleibt, ist der Geruch allein,
er fragt uns: wer ist nun das Schwein?
Die Antwort sicherlich nicht schmeckt:
Gewissheit hat, wer daran leckt.

Bevor man einen Satten an den
alten Fressnapf zwingt, erwäge
man, das Rülpsen zu versteh'n,
das ihn umringt.

Die Show stehlen

Die Motte küsst das kalte Glas
und ist das Mal im Stargesicht,
dies fliegt im Elektronenstrahl
vorbei und kratzt am Make-up nicht.
Verschmähter Flügelschlag umkreist,
was ihn vom Filz der Haare wischt,
versenkt im Lampenschirm den Stolz,
der kurzgeschlossen 'Achtung' zischt.

Gekränkte Dienstehre

Tief gekränkte Dienstehre
greift in die Verdachtsleere,
freut sich nicht an Unschwere,
die die heile Welt wäre.

Feixt beim Fund der Grenzwerte,
der ihn seinen Grund lehrte,
fürchtete, dass nicht währte,
was sich nie um Pflicht scherte.

Bungee

Fall hinab, um endlich meine Lüge
um die Wahrheit zu erpressen,
die verdrängte Träume bald ersetzen soll.
Denn nur diffus zerrannen diese,
bei den Hörnern ungepackt,
weil die Leichtigkeit von mehr sprach,
das im Nichts schon seine Plätze finden würde.

Fall vorbei an Wasserfällen, Brücken,
Felsen und den eingeweihten Eingeweiden,
sich der meinen viel zu sicher seiend.
Denn diese sind die Gaukler jenes Glücks,
die ausgereizt der Sturz verheizt.

Fall hindurch, durch das Klischee von Zeit und Raum,
dann durch den Riss im Seil und aus dem Traum,
der endlich jenen Punkt erreicht,
nein überschreitet,
den der Jubelschrei im Blick
als ungeahnten letzten Willen der Physik enttarnt,
doch nicht zu würdigen mehr weiß
- den Kick.

Und weil die Wahrheit spät ein Einsehen
hatte ob des Schmachts, weil sie so gnädig war,
gibt nun das Blut die Ruhe, weit gestreut in die Natur,
bereit, es jeder Zeit erneut zu tun,
wenn es nur einmal noch den Irrsinn fluten könnte.

Bürokratenrosen

Die Rose stirbt nicht an der Last,
dass Wasser fehlt im Blumentopf,
vielmehr ist sie der Norm verhasst,
erblüht im Bürokratenkopf.

So wird bekämpft die Anarchie
aus Dornen und aus Blättermeer,
was einst als Unikat gedieh,
hat Uniform im Blumenheer.

Der Paragraf die Länge stutzt,
damit Verpackung sich nicht stört,
und auch der Dorn wird abgenutzt,
es könnt' ja sein, dass er versehrt.

Die Blätter zählen zum Gewicht,
das Ungerechtigkeit beschwört,
Ästhetik braucht nur zwei, mehr nicht,
sie eh nur das Klischee betört.

Allein die Blütenfarbe streikt,
verweigert sich dem Katalog,
ein Gen im Spleen der Schöpfer zeigt,
was schon bei andern Pflanzen zog.

So reist sie ab, fein onduliert,
ein Amt erklärt sie für gesund,
die Ehefrau gibt sich pikiert,
die Rose ist ein Scheidungsgrund.

Gepumpter Stolz

An einem heißen Sommertag empört,
schwillt die Brust um die Wette mit den Augen.
Ein aufgescheuchter Hahn zerzetert
sich um Blech des Lebens,
das ihm Gönner anvertrauten.
Es ward berührt, geschändet und entehrt
durch einen Hundesohn von Tier;
hat sich wahrhaftig dort am tiefsten Reifenrand entleert.

Nun schleicht er um und um,
gezückt, das Tuch der Spießigkeit,
um auf der Suche nach Verschandelung
das Sonnenlicht zu fragen nach Beweisen,
die die Statushaut zerfetzen und
die Kälte seines Herzens heiß verletzen.

Glückseeligkeit verströmt sich dann
im Blick des ungetrübten Glanzes in der Hitze:
Gott sei Dank, nicht ein Geritze
pfählt den Schatz der Siedlungsnibelungen,
der beharrlich, unversehrt
im Sprung des Brillenglases prahlt
... nur noch gestört durch ein Geschrei ...

"Halts Maul!", erwidert unser schwer geschaffter
Herrscher der Beherrschten,
noch zermürbt, doch neu gebiedert,
durch das Fenster seines aufgeheizten Geldlochs
in die Schwärze neuen Polsters,
wo der junge Erbe unbezahlten Stolzes
gerade elend in der durchgegarten Prächtigkeit verstirbt.

Der Deutschen liebstes Kind
aus Blech ist stets gepflegt und
niemals frech.

Der letzte Freitagnachmittag

Schon wieder Freitagnachmittag,
der Server bricht zusammen,
und niemand da, der ihn nicht mag,
die Welt, sie steht in Flammen.

Die Fragen aus dem Hintergrund,
sie treiben ihn zum Schwitzen,
so halt doch endlich deinen Mund,
sonst hast du eine sitzen.

Zwei Finger hacken Fett ins Hirn,
und zwei in Krümeltasten,
ein Keks zerbricht im Enggestirn,
stiert in den toten Kasten.

Ein Kuss erfragt sich einen Rest
aus Mundgeruch in Sturheit,
er ungern sich beatmen lässt
und brüllt mit Macht der Urzeit.

Dann sinkt er fiebernd tief ins Bett,
zur Nacht mal eine Gnade,
heut ist sie ausnahmsweis' nicht nett,
liegt mit dem Föhn im Bade.

Ein Land wird greis

Wir werden alt, schon lang ein Greis,
zum Jubeln wahrlich keinen Grund,
so überaltert und nicht weis',
die Jugend war schon ungesund.

Vom Wahnsinn einst verführt - verdammt,
kein Phönix aus der Asche stieg,
schon bald in neuen Wahn verrannt,
als Luxuswunder nach dem Krieg.

Wir wollten alles und noch mehr,
Errungenschaften ohne End,
wir schossen hoch und selten quer,
im Ziel man andre Namen nennt.

Und heute stehen wir im Licht,
das Glashausfrüchten Reife prägt,
als Strahlemänner spür'n wir nicht,
dass bodenloser Dung uns trägt.

Chimären alter Eitelkeit sind
Fehlgeburten neuer Zeit.

Der falsche Satz

Nur dein Mund noch an der Tasse
unsres kurzen Wiederseh'ns,
und ein Stich in Kuchenmasse
des erneuten Nichtversteh'ns.

Nur ein Wort zerriss das Ende,
das den Anfang nicht vergaß,
trennte neu gefund'ne Hände,
denen dies im Nacken saß.

Nur ein Seufzen an der Stätte
nicht reanimierten Schmus',
falte Sinn in Serviette,
Gabel fällt aus Tortenguss.

Und der Stöckel wildes Hallen,
wie das Schallen im Gesicht,
lässt mich für den Satz bezahlen:
Ich lieb sie, dich leider nicht.

Einträchtige Zwietracht

Es gibt Tage, da strauchelt nicht eine Blüte
über mein Gesicht.
Und dabei ist das Blumenmeer so weit gestreut und grient
ansonsten breit gefächert, Unwillkommenheit erweisend,
mir entgegen.

Ich gebe zu, ich pflege diesen Brauch zuweilen auch,
weil er das einzig Wahre scheint, sich ohne zu verstellen,
selbst den Stein der eignen Weisheit prunkvoll in den Weg zu
legen.

Jedoch zerwirft mir dann das Fehlen jener aufgeplatzten Liebe
meine Ansicht, mich zu freuen und stellt Fragen, die die Leere
der Gesichter längst im Einklang mit dem meinen
ausgefochten hat.

Und bleibt das Lächeln aus, erhoff ich bald: 'Kehr doch
zurück' - versucht, doch nur mein Schlechtestes zu geben in
der Hoffnung auf den Spiegel meiner Zerrung, der sich immer
so schön glättet, wenn sich schmerzvoll seine Scherben an mir
laben.

Welch ein Glück, es ist nur Zufall, der vergeht im wohl
geplanten Streben nach 'Nicht Geben'; oder ist es doch der
Überdruss der allzu langen Nichtigkeit, im Minenfeld der
Schönheit nach dem Glück aus Gift zu wühlen?

Ich weiß es nicht, ist auch egal, denn just in dem Moment,
da ich dies denke, scheinen Düfte sich zu finden.
Ach, wie herrlich sich die Seelenunverwandtschaft doch noch
bindet - nach der Zeit, die mich nicht schindet.
Meine Zwietracht darf die Eintracht wieder fühlen.

Freie Fahrt (The only way is up)

Eingekapselt von der hoch notierten Technik,
schießt der freie Bürger aus der Ohnmacht
in die Sucht, sich zu bemannen,
um auf diesem Rappen
eine Straßenschuld zu tilgen,
die die Taschen füllt und Särge.
Erstere fernab des Schicksals,
letztere in Mitten jenes bagatellisierten
Grinsens, dessen, der die Unfreiheit im Käfig
seines Glaubens überlebt.
Zurück bleibt nur die Meldung
für die noch vakante Zeitungslücke,
schicksalhaft umrahmt durch Börsenkurse,
die Gesichter förmlich aus dem Anzug platzen lassen.

Schneller ... Höher ... Weiter ...
... wie? Egal.

Karriere
... wohin? Egal.
... warum? Banal.

Dreck geschluckt,
aufgemuckt,
Hohn gespuckt. -
Zurecht geruckt,
mit Geld bedruckt,
zurück geguckt,
nach vorn geduckt,
nicht mehr gezuckt. -
Zu scheu'n befugt,
was einst gejuckt.
Durchs Schloss gelugt,
ob noch was spukt.

Harlekine

Harlekine tanzen über den Jahrmarkt
wie Aufziehpuppen, solange sich ihr
Zuckerwattenschlüssel in den Fäusten
dreht. Treibt an den Zungenzünder,
welcher Leben schmeckend abgenutzte
Tagroutinen Haft entbunden zahnlos fleht.

Fallen durcheinander, ecken an und
bleiben stehen, prallen ab und sind
gefangen in dem Ausgang ohne Ende.
Hier und da entfällt ein Schlüssel
mit Geschrei und Untergang der Welt
der leeren Hände.

Einen Herzschlag spielt der Dartpfeil
in ergraute Schokolade; und ‚Ich liebe Dich'
aus Zuckerguss treibt seltsam neue Blüten,
die den tot geglaubten Mechanismus retten
bis zum Weltenende, wo die Puppen nicht
mehr tanzen und sich so vor Unglück hüten.

Die Kirmes hebt Blätter der
Herbstzeit nicht auf,
sie streut nur die zuckernde
Derbheit darauf.

Kellenmann

Wichtig steht der Kellenmann,
aufgebrustet Uniform,
handgelangt vergibt er dann
Rechte außerhalb der Norm.

Der Konvoi, ein Radlerclub,
der den Kellenmann nicht kennt,
wer ihn in das Amt erhob,
weiß der Sportler nicht, der rennt.

Rund um Rund stellt er sich quer,
weist der Würde ihren Weg,
macht dem Mob das Leben schwer,
um den Hals, sein Amtsbeleg.

An der Kreuzung lebt er auf,
legt die Rechenschaft dort ab,
nimmt der Blicke Zorn in Kauf,
der ihm sonst nie etwas gab.

Abends fährt er still nach Haus,
lässt sein Königreich zurück,
anderntags, als graue Maus,
kreuzt er dort mit Nichts im Blick.

Verjährte Gesichter

Aus verjährten Gesichtern der Macht
fällt die Müdigkeit des Überdrusses
in fossile Halsstarrigkeit
verbitterter Erfolge.
Fragt man sie nach Authentizität,
antworten ihre belegten Stimmen
aus dem Reich der kulturellen Einsamkeit
nebst einem ungefühlten Lächeln
für den Biedermann im Schlafrock,
der den Meineid übernahm:

Authentisch ist die Jugend nur, solang das
Ideal der Zukunft durch die Käuflichkeit
ein solches bleibt. Was wollt ihr also?
Eure Ideale haben wir euch nicht gestohlen,
dafür habt ihr uns bezahlt,
dass wir sie nicht verlieren,
wenn wir selbst uns nicht mit ihnen infizieren.

Vatertagsblues

Im Bollerwagen blüht das Laub seit jenem Tag,
da er noch prall gefüllt beschloss,
Erleichterung der Trunkenbolde dort im See
am Grillplatzmahnmal zu versenken.
Doch niemand würdigt den verrottenden Verlust;
mal Schlafgemach für Strauchgetier,
mal Urinal für Wandersleut;
und in der Stadt verblümt sich mancher Seufzer,
der die Würdigung vermisst
und stellt Verjährungskerzen auf,
damit die Herrgottsecke Tränenlosigkeit verschluckt.

Kunde König

Früher war der Kunde König,
doch nun ist er es nicht mehr.
Denn sein Fordern nach ‚Verwöhn mich'
stank den Untertanen sehr.

Einst beschlossen, ihm zu dienen,
Zugeständnis Zug um Zug,
fehlte die Geduld bald ihnen,
jeder Fehler war Betrug.

Nur ein König kann sich leisten,
ohne selbst im Lohn zu steh'n,
sich des Forderns zu erdreisten,
und dabei zu weit zu geh'n.

Im Verschleudern ihrer Dienste
unterboten Diener sich,
und der Geiz des Königs grinste,
machte Diener unleidlich.

Immer mehr und immer schneller
zwang die Selbstverständlichkeit
in die Knie so manchen Heller,
hat nicht Herrn noch Knecht befreit.

Intrigante Hintermänner
einst erkoren diesen Plan,
Diener- und auch Königskenner
laben sich bereichernd dran.

Kurraub

In Mitten roter Gier nach Feuer
etwas Sand im Leibermeer,
billig ist noch viel zu teuer,
wär's umsonst, käm' keiner her.

Mit Sitten sichern sich die Bahren
Leichen aus der letzten Nacht,
Tücher, die schon frischer waren,
reserviert für Fleisches Pracht.

Dem Nörgeln folgt das Eis in Strömen,
um dem Bier nicht nachzusteh'n,
Berge, die sich sonst nichts gönnen,
kann man draußen treiben sehn.

Dazwischen wälzen sich die Düfte
durch verschwitzte Kreischerei,
Würstchenstand, den niemand prüfte,
macht den Magen wieder frei.

Die bunten Frotteeungestalten
treibt die Exkrementen-Gischt
hin, wo Silos sie verwalten,
bis der Tag sie neu erbricht.

Bequemlichkeit ist kaum bereit,
die Konsequenz aus sich zu zieh'n,
denn wäre sie's, dann stünd' es mies
um den Verbrauch von Kerosin.

Maulende Fenster

Maulende Fenster in neureichen Bauten
pochen auf Rechte präziser Minuten,
lassen in Schönheit vollendeter Flauten
kaum einen Makel der Ordnung vermuten.

Quälende Kinder und Türen, die schlagen,
sind Sensationen verbotener Nachbarn,
eigentlich müsste man diesen dies sagen,
auch dass sie nachts ohne Licht mit dem Rad fahr'n.

Zäumende Zäune versichern die Blumen,
trennen den Rasen von Wegesgefahren,
wachsende Gräser vernichtet ein Brummen,
wird vor vermessenden Wächtern bewahren.

Zwerge zensieren im Beete die Schönheit,
laufen passierenden Blicken entgegen,
bleiben zurück und kassieren Gewohnheit,
denn die dort gehen, sind niemals verwegen.

Träumende Ruhe verpflichtet die Nächte,
sich an der Zwerge Ideen zu halten,
den, der auf andre Ideen sie brächte,
würde Komplott ihrer Herren erkalten.

Schlendern zufrieden durch eisige Sträßchen,
faltende Hände auf Bäuchen der Predigt,
dort hinterm Vorhang nach Jahren ein Späßchen,
Oma sich greinendem Opa entledigt.

Menschen-Bilder-Rahmen

In den engen Hochhausgassen
schlagen um sich Hochhausphrasen,
Leben und auch leben lassen
heißt: den Nachbarn mitbespaßen.

Gang-Gebilde führen Kämpfe,
Rentner haben Ordnungskrämpfe,
Kohl verseuchte Treppendämpfe,
Abends hinter Türen Schimpfe.

Teenies gehen nicht in Schulen,
Kinder sich im Sand-Kot suhlen,
Väter um ihr Auto buhlen,
Coole Jungs nicht runter coolen.

Ordnungshüter - Dauergäste,
zu verhindern Powerfeste,
Taxi für die Komareste,
Grüne gegen weiße Weste.

Alles passt, doch nichts zusammen,
nicht, weil sie zusammen kamen,
sondern weil die Bilderrahmen
Menschenbildern Wahrheit nahmen.

Solange es im Unbehagen schwelt,
kann nichts passieren, erst wenn das
Rauchsignal verblasst, wird's
Flammen schüren.

Verwöhnter Missmut

Missmut flegelt sich ins Zimmer,
von der Euphorie geschoben,
übersatt im Kerzenschimmer,
willst du nicht das Christkind loben?

Hände reichen, zeigen geifernd
auf das Glitzern, wirkt verschlissen,
wahllos, doch nicht sehr ereifernd
wird die Masse aufgerissen.

Links das Alibi sich stapelt,
rechts verklebt Papier die Kerzen,
nicht einmal die Neulust rappelt
wach die Freude tief im Herzen.

Dort ist sie schon längst verschwunden,
ausgezehrt durch stilles Flehen,
während man versucht, die Wunden
mit Geschenken zu vernähen.

Jahr um Jahr das gleiche Lügen
derer, die dem Leben dienen,
sich und auch ihr Kind betrügen,
wenn sie Seelenbrüche schienen.

Neue Restelite

Die neue Restelite
drückt sich die letzte Ohnmacht
aus unbeschwerten Köpfen;
sie schreien um ihr Leben,
hängt an zur Schau gestellten
erfundenen Geschöpfen.

Vergessen ist dann alles,
was sie zuvor nicht wussten,
warum sie existieren;
verleben die gekaufte
Berechtigung zum Dasein,
die sie danach verlieren.

Verbleiben wird von ihnen
wie auch von den Beehrten
ein Straßenfegerpfeifen;
den Kehricht aus dem Jubel
wird nicht einmal das Gestern
als nie gescheh'n begreifen.

Powerdating

Im Powerdating wird ein brachgelegtes
Feld so breitgetreten wie nur selten
zu der Zeit, als eingebrachte Früchte
die Bebauer nicht mehr reizten.

Flaniert von Tisch zu Tisch mit dem
Gesicht aus Porzellan und angeklebten
Blicken hier sowie den festgezurrten
Endmoränen auf dem Kopfe dort, vergibt
man weiter nicht, womit die Gegenüber
vor Minuten selbst schon geizten.

Die Runde hormoniert im Rauch und Duft
aus Körperrotation, um sich zu finden
und den andern, der zu vielen wird im
Überschuss des Kreises, der das Ende
unausweichlich dort verkündet, wo das
Initialgesicht seit einer Stunde ohne
Forschen ungeküsste Frösche spreizen.

Premiumbanane

Als Premiumbanane hängt die Frucht in meiner Schale
schon gleich anders;
fühlt sich reif an unterm Gelben,
doch das Premiumbananenschild erhebt nur lose sich auf
selbem.

Trags umher, und reife weiter in die Fäulnis meiner Güte
aus der Selbstgefälligkeit,
zu preisen andrer Früchte Qualität, die mir schon bis zum
Halse steht.

Und fällt es ab, weil Billigkleber sich nicht bindet an den
Schleim aus meiner Ehrfurcht, bin ich überreif verdrossen,
hab umsonst der anderen Esprit vergossen;
und die Frucht in meiner hundsnormalen Schale
hat schlussendlich den Verzehr verpasst ...
... nicht ihm, doch nur für mich ich nun verfalle.

Der Lorbeer überm Möchtegern
verleitet ihn zum Warten,
er wartet sich die Früchte fern,
verfault in seinem Garten.

Regularien

Regularien im Parlament,
Contenance, die sich zum Club bekennt:
Rede frei, doch bitte nicht zu mir,
denn das steht nicht vorgeschrieben hier.

Jeder leiert seinen Geisterbrief
an Gespenster, die die Urne rief,
meist geschrieben in der Lobbytei,
der sie spricht, hält sich den Rücken frei.

Wendet einer seinen Blick zu wem,
um sich selbst im Mut des Sinns zu sehn,
lenkt der Bürokraten Obmann weis'
seine Fuhre wieder auf das Gleis.

Stumpfe Sinne sammeln neue Kraft,
Ohr am Telefon das Warten rafft,
Stift am Finger kritzelt auf Papier,
Gang zum Klo verkürzt die Zeit bis vier.

Alle Reden sind dann durchgebracht,
ein Gesetz sich in die Bücher lacht,
und wenn nicht, dann lacht es jene aus,
die die Mimen lassen nicht ins Haus.

Saubermänner

Wer ist Schuld an der Natur,
wenn sie ihre Wahrheit zeigt?
Der gewählte König nur,
der zu Sicherheiten neigt.

Sind sie überstrapaziert,
um im Luxus zu besteh'n,
ist der Zorn, der weiter giert,
bald im Saubermann zu sehn.

Hungern muss der Mensch noch nicht,
viel zu groß der Überschuss,
doch das Geld sieht seine Pflicht
dort, wo niemand etwas muss.

Übersatt im feisten Kreis
ist die Rache längst geplant,
und der Königmacher weiß,
wie man Könige verbannt.

Lässt das Ruhen der Natur
bald erneut dem Wahnsinn Lauf,
zucken fette Achseln nur,
schlagen Preiserhöhung drauf.

Böser König, denkt das Kind,
warum straft uns deine Macht,
und der Saubermann gewinnt
den, der ihm ins Fäustchen lacht.

*Die Träger von
Verantwortung,
erhoben aus der
Macht,
sind Marionetten
auf dem Sprung,
wenn kaum noch
einer lacht.*

Seuchen

Es stirbt sich nicht so leicht,
wie manche es gern hätten,
Begründungen sind seicht,
die Wirtschaft lebt von Wetten.

Sie bangen um das Wohl,
das eigene hat Vorrang,
und sind die Kassen voll,
dann fällt vielleicht der Vorhang.

Verfliegt der Seuchenwahn,
weil eine Show ermüdet,
facht man das Feuer an,
das den Verstand versiedet.

Es lebt sich nach wie vor
sehr gut von Volkes Ängsten,
der Kritiker - kein Tor,
er lebt vielleicht am längsten.

Solange es hält

Himmel trüben wilde Zeichen
mit der Arroganz aus Wissen,
wollen ihrem Schicksal weichen,
wähnen sich der Welt entrissen.

Gräber schaufeln Meeresfluten,
selig ist nicht ihre Ruhe,
die das Paradies vermuten,
haben wasserfeste Schuhe.

Segel streichen alte Länder,
wenn Piraten neue entern,
glauben, goldene Gewänder
schützen ihren Leib beim Kentern.

Eine Welt frisst eine Plage,
stellt die andern in den Schatten,
doch auch Hybris dieser Tage
endet unterm letzten Spaten.

Straßenkünstler

Seltsame Straßenkünstler bevölkern
von Zeit zu Zeit und Platz zu Platz
die ohne hin schon voll gepackten
Ausweichmanöver viel begehrter
Ignoranten.

Nein, nicht die Hirne können sie erreichen,
viel mehr nur verwässerte Augen
nebst erschossenen Ohren,
denen sie im Wechselspiel der Farben
bunte Luftballons in lang verblühte Träume hängen.
Zauberstifte, mit den Namen der Entzauberung versehen,
stechen sie in Hände ohne Geld,
die ungefragt mit diesem Zaunpfahl
andre nicht versehrte Opfer zu den Urnen winken.
Vielleicht versickert hier und da ein solcher Anschlag
doch in ein, zwei eingefallenen Herzen der Vergangenheit.
Ein gutes Herz gehört zum wohlgemeinten, faulen Zauber.

Ob nun wirklich der Bedachte auf der Straße
diesen parteiischen Frontmarienkäfern
auch nur einen ihrer Punkte vielleicht glaubt,
das sei dahingestellt;
und doch man wird sie sehen,
jene Punkte, die am Abend der Entscheidung,
abgewaschen von Verkleidung,
als Konfetti eines Spaßes
an die Schwärze der Alltäglichkeit
sich schmiegen.

Der Straßenmusikant

Der Straßenmusikant bespielt
die Farben, die die Ordnung stiehlt,
aus Melodie ein bunter Fleck,
ein Unkraut zwischen Glanz und Dreck.

Aus Anonymität befreit
das Lied die Vielgeschäftigkeit,
der Absatztrommler graue Takt
verstummt, ob schäbig, ob gelackt.

Der Tanz der Köpfe bald beginnt
zur Harmonie im kalten Wind,
und leise wechselt manches Wort,
so sprachlos sonst, von Ort zu Ort.

Ein Zwerggemüt zersprengt den Kreis,
weil es um gerade Linien weiß,
ein Maß für alles in der Stadt,
mit dem sich nichts zu messen hat.

Es stört ihn nichts, nur das Papier,
befiehlt, zu räumen das Revier,
denn eine Ordnungswidrigkeit
hat ein Gesetz vom Schlaf befreit.

Schlägt subaltern mit Härte zu,
der Straßenlärm hat seine Ruh,
kein Mut in Blicken, die sich dreh'n,
harmonisch, Absatz klappernd geh'n.

*Wer bunt ist, kann
das Graue färben,
doch im Schwarz-
Weiß-Kontrast
verderben.*

Tradierte Armut

Tradierte Zukunftslosigkeit
hält meinen Wäscheschrank bereit,
bezahlt dem Nachwuchs, der noch schreit,
das Geld für neue Nachwuchszeit.

Die hohle Logik eurer Gunst,
gebiert das Handeln aus dem Dunst,
Verlorenheit ist nicht verhunzt
und macht Verlegenheit zur Kunst.

Die Diskussionen um die Not,
erfressen sich mit Wort ihr Brot,
als ich noch wollte, war ich tot,
nun will ich nicht und sitz im Boot.

Ich unterschreibe eure Mär,
was ich bekomm', gibt jeder her,
mein Urnenwille refraktär,
ich glaube, das beruhigt euch sehr.

Ausgedient

Ein neues Volk muss her,
zu lange ausgenutzt und arg verschlissen,
so übersatt mit teurem Unrat zugeschmissen.

Ein neues Volk muss her,
das alte hat vergessen, zu bezahlen,
das neue Leben teurer als die alten Qualen.

Ein neues Volk muss her,
die Willenlosigkeit vom Nichts vertrieben,
und dieses ist von keiner Mündigkeit geblieben.

Ein neues Volk muss her,
die Altlast wird verwaltet nur zum Selbstzweck,
doch Bürokraten finden immer einen Ausweg.

Ein neues Volk ist da,
gezeugt aus Frust, das alte überwunden,
tradiertes Denken wird das Wunder überrunden.

Blechverpflichtung

Du verwöhnst ihn mit Vergötzung,
schenkst ihm immerzu dein Geld,
ächtest jede Hautverletzung,
zeigst ihn gern der ganzen Welt.

Opferst deine freien Zeiten,
reibst dich auf als Untertan,
kannst mit ihm um Rechte streiten,
weil er mehr als andre kann.

Deine Güte wird verhärtet,
durch den Maßstab deiner Pflicht,
denn so, wie man dich entwertet,
legst du auf den Wert Gewicht.

Welch ein Alibi, der Nutzen
eines Dieners, dem du dienst,
unterm rituellen Putzen
dir nur Blech entgegengrinst.

Überdosierung

Zubetonierte Entleerung im Kopf
hängt an dem Sirup aus blutlosem Tropf,
Überdosierung mit Lachgas aus Schmalz
hämmert die Wut, bis sie hängt aus dem Hals.

Billiger Singsang verscherbelt die Kunst,
sportlicher Mammon den Ehrgeiz verhunzt,
royaler Comic verkitscht jede Not,
schlaue Elite mit Klugheit nicht droht.

Bilder im Reigen erzeugen Geschmack,
Eifer des Neuen ist immer auf Zack,
Jugend ermündelt sich brotlosen Trost,
herzhaft verlangend, doch niemals erbost.

Suchen nicht nötig, weil Zukunft geschieht,
Fressen für alle den Schwerpunkt nicht sieht,
nur wenn ein Flieger gen Süden nicht geht,
Weltall sich länger um Welt nicht mehr dreht.

Verzinstes Glück

Es bestand zu keiner Zeit niemals Gefahr,
brüllt ein erstickter Schreihals aus
Verpressung in Leere der Gesichter,
um sich Sicherheit aus Glück zu
borgen, welches mehr und mehr
sich seinem verzinslichen
Ende fordernd neigt
und schließlich
nicht getilgt
streikt.

Weißer Fleck

Ein Bild fiel aus dem Album,
hinterlässt im Gilb den überraschten
weißen Fleck.
Hysterisch blättern Erben
auf der Suche nach dem Schreck.

Noch ehe sie ihn finden,
wird ein neues Pflichtgesicht
gepflückt;
und damit jener Fleck
in seine Illusion
gerückt.

Es dankte einst ein König ab,
der sich einmal vergessen hat,
das Raunen, das es danach gab,
gedanklich vorher ihn drum bat.

Der Untertan

Ein Untertan scheint festgenäht
am Sims auf seinem Kissen dort,
er hat die Welt hinausgekräht,
die sich durch seinen Bildschirm bohrt.

Er streift zum Gruß die Ignoranz,
die unter ihm sich weiter wühlt,
verkürzt die Ohnmacht der Distanz,
wenn er die Weisheit abwärts brüllt.

Die Trommelfelle trifft er hart,
knöpft freie Uniformen zu,
sie spielen weiter Modern Art
und lassen ihre Welt in Ruh.

Wenn dann der Tag zugrunde geht,
sind alle Menschen durchgebracht,
ein Untertan am Fenster steht
und sich kein Bild von ihnen macht.

Die Welt erflimmert rar und kalt,
sie wärmt den neuen Auftrag vor,
er gibt dem Kissen morgen Halt,
das heute wieder Staub verlor.

Der Schnappschuss

Geschwätzige Ausgelassenheit,
durchleuchtet vom Moment,
erfriert im Fixierbad zum Surrealismus der Emotionen.
Im Rotlichtmilieu des Entwicklers entfalten sich
- starrt man darauf enthoben jedweder Betroffenheit -
Schneisen und Grate,
begrenzend die Höhlen zerklüfteter Anmut:

Begeisterter Schrecken,
verdorbene Freude vom Ohrring zur Nase
nebst hektischen Flecken
und Zwang durch die Blase.
Die einen - aufs Ziel ihrer Wirkung gerichtet -
verleugnen nur schwerlich im Stocken des Flusses,
was andere - nicht so verpflichtet dem Lächeln -
erst gar nicht verbergen.
Und doch birgt die Starre viel mehr, als wir sehen,
was ohne zu wissen dem Leben sich antut.

Es ist das Erfrieren der Großmarionette
zur Kurzoffenbarung,
das Liegen der Züge im Bett ihrer Glieder:
Die Fäden verloren, verweisen sie wie ein geworfenes
Knochenorakel auf Schicksal und Tran-Blut.
.

Es ist oft nichts bewegender
als Starre sich nicht Regender.

Lovecharade

Zutiefst implodierte Freiheit
stanzt sich mit zerschmetternden Rhythmen
die Hülse eines Wortes in den Leib,
dessen Projektil sie stets verfehlte.
Das Blut, was sie durchströmt,
ergießt nur Lust und keinen Willen in Gebeine
aus marodierendem Schweiß.

Ihr melodienloser Zug verscheucht
den letzten Rest des Unmuts durch
die Stadt, der gar nicht erst versucht,
sich aus Affären raus zu halten, die
schon lang zuvor bei seriösen Gönnern
tief im Keller, nackt und aufgeschirrt,
nach Rache an Erziehung dürsteten.

Am Abend, wenn sich dorthin jener
ausgetobte Wundschmerz wieder in die
Unterhaut verzieht, spaziert ein
Seufzer der Romantik durch die Gassen,
und er findet in der Gosse sterbend,
kalt ein Herz aus Glitter, noch am zucken
und durchbohrt von einer jener Hülsen.
Und es schielt auf Projektile seines Finders,
der den Gnadenschuss nicht setzen darf,
weil internationale Konventionen das
Geschoss der Liebeswürdigkeit schon
längst verboten.

Fehlalarm

Hoch geschreckt aus fremd verdientem Traum,
scheucht ein Licht die Augen durch den Raum,
presst ein sündhaft teurer Ton mein Ohr,
ein Alarm macht mir das Leben vor.

Ausgerissen ist der Stolz auf Nichts,
angereichert mit der Wut des Lichts,
zornentsetzt, dass ich so denken muss,
Dauercontenance erlebt Verdruss.

Pack, das sich zerschlägt, verträgt mich nicht,
aktiviert nun dreist Besitzstandspflicht,
nehm' den Karabiner aus dem Schrank,
'Tot' ist besser als vor Undank krank.

Such ein Ziel in schallverblitzter Nacht,
frag mich nicht mehr, wer sie hat gemacht,
finde zwischen Augen meine Ruh,
schlag mit Durchschlagskraft aus Pulver zu.

So vertraut und sicher klingt der Schrei,
macht den Weg zum Stolz mir wieder frei,
wie Musik tönt nun die Sicherheit,
Blitzgewitter sich in Stimmung reiht.

Glockenklang am Sonntag nach der Nacht
stimmt romantisch meine Gartenpracht,
gräbt den Ruf nach Hilfe unters Land,
der fatal vor meiner Haustür stand.

Philosophisches

Philosophisches

Entzündeter Glauben

Ersetzt, hat noch jeder Glaube
die Melodie des Wissens ausposaunt,
nachdem Romantik seiner Hoffnung
sich verzehrte nach dem Glück der
Sicherheit.

Verletzt, aus der Selbstkasteiung
gehen die hervor, die ungeahnt
zufrieden waren ohne Not des Wissens,
bis ein neues Charisma hat ihre
Welt entzweit.

Gehetzt, doch wem zum Nutzen,
laufen Amok die Ersatzgefühle, ohne
reif zu sein für Opportunität der
Wahrheit, die doch nie die eine ist
im Menschenkleid.

Geschwätzt, zerfallen Worte
in die alte Not der Kongruenz
aus Wissen und aus Leibes Wollen -
eine Leere hinterlassend bis zum Beginn
der Ewigkeit.

*Wenn der Glaube seine Frucht nicht
länger aus den Träumen pflückt,
hat er sich bald mit Schalen aus der
Wirklichkeit bestückt.*

Augenkullern

Durch die Tage voller Riten
treiben Explosionen Blüten,
fallen Tropfen ohne Regen,
streifen Wünsche ohne Segen.

Augen perlen über Bilder,
wirken auf das Leder milder,
seit die imprägnierte Rohheit
sich in Samt aus Irrsinn einreiht.

In den Spiegeln kullern Welten,
Tropfen in der Asche schelten
beim Verdrehen der Pupillen,
sie mit Wünschen auszuspülen.

Menschenreagenz

Synthetische Zeit füllen Umbruchpipetten
in drehende Gläser mit Menschreagenzen,
die Tagzentrifuge trennt Jahre von Stätten,
den Bodensatz bilden Verdrängungstendenzen.

Placebotinkturen auf Böden, die nähren,
erzeugen die Fertilität aus Allüren,
entlocken Versuchen nicht wirklich Gebären,
Kristalle mit blumigen Namen verführen.

Sterile Befruchtung entleert die Besinnung,
je schneller das Drehen je freier die Geister,
die Sehnsuchtsphantasten ergötzt nur die Trennung,
sie schleudern verwässerte Lösungen feister.

Entsorgt wird das Gift komprimierten Vergessens,
zerfällt in Neuronen neurotischer Hetze,
die Hochzeit im Ziel des substanzlosen Fressens
verlacht jeden Finder beschwerender Schätze.

Der Mensch im Strudel sich entführt zur
Mitte, die von Rändern schweigt,
das Sein und Schein polarisiert;
es bleibt im Punkt die Eitelkeit.

Alt eingesessen

Abgemalt im Kuridyll,
unter Zinnen meiner Heimat,
suche ich im Kleinstadtmüll
nach dem Geld, was keiner klein hat.

Aufgezogen und pariert
zwischen Palmen meines Südens,
der im Westen sich geniert,
sich zu schämen seines Friedens.

Nie entsetzt im Bett des Tals,
nur die Furcht ließ mich erahnen,
dass den Sinn des Schambefalls
keine Freunde je ersannen.

Wollte niemals von mir fort,
doch zu halten mich, war müßig,
und so machte mich der Ort
durch das Warten überflüssig.

Heute diene ich dem Staub
der empor gekomm'nen Gleise,
kehre Träume in das Laub,
das verwirbelt jede Reise.

Fassungslos

Der Frieden spielt den Totentanz,
und Fassungslosigkeit erbricht
den Anspruch aus der Ignoranz,
wer friedlich kämpft, der stirbt doch nicht.

Wer Fassung wahrt, im Vorteil liegt,
er folgt der Wahrheit in die Welt,
der andre sich an Beifall schmiegt,
bis er die ersten Toten zählt.

Dass Streiterei ums Leben rennt,
hält Diskussionsbedarf meist klein,
wer Ehrlichkeit der Waffen kennt,
der sollte nicht ihr Richter sein.

*Der Frieden ist zu
präventiv, als dass er ohne
Rache bleibt.*

Aus allen Wolken

Frieden fällt aus allen Wolken,
schlägt in Zweifel Krater ein,
spreizt die Ruhe ungemolken,
lässt die Freude tot sich schrei'n.

Gelehrte Gefährten

Halbseiden schleichen gelehrte Gefährten
um die Entleerten, die sie versehrten,
grinsende Masken hat man so belassen,
kleines Geschenk zur Befriedung der Massen.

Frierend bereichert der Dumme den Frieden,
kaltes Vergnügen bringt ihn nicht zum Sieden.
Zehren von Früchten aus modrigen Feldern
lügt die Gesundheit aus Mündern von Eltern.

Brache Entleerung der Reste von gestern
tötet Entbehrung von Brüdern und Schwestern;
Wer nichts vermisst, der hat nie was verloren,
ist er gestorben, war er nie geboren.

Ich

Ein klassisches ICH, bunt gemalt in den Tag,
am Abend als Impressionismus dem Kunstgriff erlag.

Gedreht und gewendet, gehängt und gestellt,
bewertet, bewundert, verachtet, entseelt.

Ein plastisches *ICH*, zwischen Tücken aus Tand,
als Erbstück des Desinteresses vom Standpunkt verbannt.

Die tägliche Metamorphose
verzeiht die Verstandessklerose.

Geisterbahn

Zerstückelt fallen Gespenster
aus Wagons der Geisterbahnen;
bereits verstoßen in den Schacht am Morgen
als die Suchenden des Tages.
Geschluckt hat sie das Ein und Alles ihres Monsters,
das sie macht zur Dämmerung des gleichen Schlages.

Ausgeweidet schleichen Hüllen
ohne Aura durch das Gas des Abends
und entkommen ihrem Labyrinth
zur Geisterstunde gerade recht,
zu spuken in den Krypten,
drehen dort von Show zu Show
um die Alkoven
ihre Runde.

Ihre letzten Energien löschen Lichter
und verdunsten dann im Abgesang
der konservierten Nachtparolen
in die Pflicht des Organismus,
spielen Reinkarnation,
die schon nach Stunden wieder
wird der Teufel holen.

Growiane

Sein Schatten schlägt sich durch den Tag,
und schleift den Nerv des Augenlichts,
so fern sein Monstrum weilen mag,
so nah im Raum des Angesichts.

Die Ruhe stillt den Hunger kaum,
die Sinne aus dem Wind zu dreh'n,
denn wer gezwungen ist, zu schau'n,
wird ihren Schlägen nicht entgeh'n.

Der Zyklus vor dem Horizont
ertastet sich zum Fensterglas,
und alles was dahinter wohnt,
wird einmal hell und einmal blass.

Selbst Lider bannen nicht den Kreis,
denn ihre Transparenz verrät
dem Auge, was das Hirn schon weiß,
verstärkt das Rot, was schwarz sich bläht.

Die Stille kommt für den Moment,
wenn sich ein Stern zur Ruhe legt,
so fern scheint dann der Kontrahent,
der sich bald neu im Zimmer regt.

Infiltriert

Sie bauen Schlösser in die dicke Luft
und fragen mich nicht, was nach ihnen ruft,
sie planen Zukunft im Gelächterspiel
als eine Zuflucht, die ich gar nicht will.

Ich suche nicht, worin der Schatz versiegt,
wenn was ich hab, schon mir nicht mehr obliegt,
es fällt anheim dem Wohlstand meiner Lust,
von der ich ohne ihn nicht hätt' gewusst.

Mein Urgefühl ist einer Larve gleich,
die schlüpfen will, doch ist sie viel zu weich,
gepulst vom Blut, das mich hat infiltriert,
ward aus Verlangen eine Lust, die friert.

Bin so ein Wirt der Opportunität,
ich kreide an, was durch mich selbst gesät,
doch will ich weg, zerfrage ich den Ort,
denn tief in mir will niemand wirklich fort.

Der Opportune leuchtet nicht,
er wirft nie Schatten in ein Licht,
bleibt unvermisst, wenn Licht sich mischt.

Labyrinth

Ein Labyrinth aus Spiegeln ist das Leben,
die Bilder meist verschleiern, was sie geben.

Ein Kind betritt die Gänge ohne Lügen
und schaut durch Wände, die es nicht betrügen.

Nach jeder Windung werden Flächen matter
im puren Glanz, doch ohne Wahrheit glatter.

Sie seh'n sich selbst, doch bald nicht mehr dahinter,
ein Spiegelbild macht froh, nur nicht die Kinder.

Denn diese spür'n das Leuchten nicht um Schatten,
weil sie ihr eignes Irrlicht noch nicht hatten.

Die Großen schenken ihres bald den Kleinen,
zu lernen, nicht zu glauben, was sie meinen.

So flimmern viele Welten durch die Wirren,
in einer Welt, so unbekannt bei Irren.

Leiber

Leiber sind die Götzen,
die mit Werten wir bekleben
und sie auf uns hetzen,
um durch ihren Leib zu leben.

Leiber sind die Steine,
die das Leben legt in Wege,
Leiber ohne Schweine
sind nicht lange im Gehege.

Leiber, hier Phantome,
die mit Anstand von uns sinken,
dort nur Chromosome,
die, verflüssigt, Felder trinken.

Leiber sind die Treiber,
die uns zwingen, so zu handeln,
Leiber lieben Leiber,
wenn's nicht lohnt, sie zu verschandeln.

Naturkomplott

N ach
A rroganz
T riefender träume
U lkt nun einer gott
R astet aus und schleudert leben   in   den   r a u   m

K aum vorher so verzehrt von schluchten des verstands
O blag die sehnsucht der naturmama allein die eine
M eisterin zu sein der selbst gelehrten Kunst
P ränataler gunst vom brot bis hin zum tod
L ebenslänglich opfernd als die quelle
O hne dass sie wahrlich wer gelobt
T rauert nur so lange bis sie
T O B T !

Die Schöpfung liegt im Staub allein,
wer Schöpfer spielt, erzwingt nur Stein.

Ruhe in Not

Ruhe MACHT Not,
frisst zu viel Brot,
übersatt Feistheit dem Hungrigen droht.

Krieg ist kein Mord,
Ehrgeiz ein Sport,
Töten im Auftrag geschieht nie vor Ort.

Blutiger Zoll
rechtens sein soll,
Regeln des Kampfes im Weltprotokoll.

Frieden ein Ziel,
Kriegstreibers Spiel,
keiner gewinnt, doch verliert viel zu viel.

Ruhe TUT Not,
bis frisches Brot
schimmelt, und Sporen versprüh'n neuen Tod.

Sonntag

Im Treiben
morgendlicher Sonntagswatte
fällt mir das Blau
auf den Kopf.
Das Frühstück lächelt
synthetische Ruhe
aus heiterem Marmeladenbrot.

Bevor noch verzehrt ist
die erste Hürde,
erschleicht sich der Braten
den Duft aus dem Topf.
Propheten beschwören
des Aufstoßens Stunde:
am Nachmittag gähnt mich
der Abend schon tot.

Der Müdigkeit aus Überdruss entgeht im
Speichelüberschuss das hübsche Kleid am
lieben Kuss; ist Er erwacht, dann macht Sie
Schluss.

Gezeichnete Missgunst

Vom Tode gezeichnet
ist das dürre Gestrüpp
einer blendenden Wucherung,
deren hassende Triebe
die Wurzeln des Lebensbaums
untergraben.

Hetzend, verästelnde Schlingen
erwürgen die Unschuld der Gesundheit,
um strahlend
die Krone der Fäulnis zu sein.

Alleine das Leben
besiegt die Tentakel
und zieht seinen Nutzen
aus modernden Resten
als düngende Warnung.

Wahrheitsplagiate

Die Wahrheit tritt umnachtet von Vernebelung zu Tage,
ein falsches Wort bricht ihr Genick
und macht die Tatsache zur Frage.

Bemüht um rare Reinheit sind Geschichtenmacher selten,
sie schlagen Kapital daraus
und bau'n mit Plagiaten Welten.

Die Scheue vorm Erwachen brauchen diese nicht zu haben,
es wiegt der Plattitüdenschlaf
die Glaubenden im engen Graben.

So nah die Horizonte, dass der Wache würde staunen,
wie seltsam, einfach ihn umgibt,
worüber Massen aber raunen.

Doch sei gewiss, solang das Geld bezahlt die Weltverdreher,
das Schweigen sich im Graben hält,
Verstand betäubt durch Blick der Seher.

Zerlaufen

Zerlaufene Menschenbilder
fließen auf dem Boden der Tatsachen
zu einer schlierigen Lache,
die im Sonnenlicht ihr zweifelhaftes Flair aushaucht.

Das stille Schillern
stört ein jäher Schritt hinein,
profiliert den Staub
mit einer Mischung
aus der Ignoranz des Tages
und Spritzern jenes ausgepressten Menschenbilds;

verschleppt die Spuren dieses Schleims
und tritt sie ab im Ärger des Moments,
da schicke Schuhe ihren Puppengöttern
hinterm Glas moderner Fruchtbarkeit
mit Ehrfurcht gegenübertreten.

Das Menschenbild zertreten,
und der Scherben nicht geschämt, hat
Wahrheit sich verbeten,
dass ihr Spiegelbild sich grämt.

Spleenphilosophen

Zertretenes Schweigen nach Sinnkatastrophen
bejubelt den Reigen der Spleenphilosophen,
zermürbendes Denken zerstreut alte Splitter,
und kursloses Schwenken erfreut kalte Ritter.
Die Zukunft liegt hinten, verlierend den Morgen,
wir dürfen nicht finden, was Frierende borgen.
Vertan, ihre Gabe im Anbau des Raubes,
was bleibt, ist die Habe nach Tau faulen Laubes.

> *Das Schreien, nachdem es geschah,*
> *verhallt in den Ohren von Morgen;*
> *Befreiendes machte nur wahr*
> *die Flickschusterei für die Sorgen.*

Relativ

Das Mittelalter hinter uns
erscheint uns nur im Dunkeln,
weil hinterm Licht nach vorn
Pupillen klein von Zukunft munkeln.

Sprengstoff

Ab und an verglüht
ein weiteres Stück Hirn
im intellektuellen Schutzverband.
Selbstverliebtes Lied,
auf prall gefüllter Stirn,
im Wissensschweiß so hirnverbrannt.

Leicht entzündlich sprüht
die Lunte ihren Zwirn
zum Sprengstoff aus dem Unverstand.
Der verpufft verfrüht
in Köpfen, die nicht spür'n,
dass alle sind längst fortgerannt.

Philosophisches

Letzte Antwort

Jetzt haben sie den Urknall
im Geschirr der Wissenschaft,
"Gesetzt den Fall, wir nehmen an",
verlautbart es gewissenhaft.

Das Gottesteilchen lodert
im Visier des Größenwahns,
und jeder Knall im Spielzeugall,
ein Quantensprung des Sinnesclans.

Die Suche nach der Wahrheit
wird zum Zwang der Glaubenssucht,
Gesetze aus der Nötigung
als Arroganz der Einfaltsflucht.

Doch löchert man den Fixpunkt
im Gehirn des Konstrukteurs,
erzählt er, was Geburt uns lehrt,
wir sind die Sklaven des Geschirrs.

Denn was es auch verrichtet,
ist letztendlich nur die Not,
zerknirscht am Punkt zu resignier'n,
weil's hinter ihm noch immer droht.